中华优秀传统文化青少年通识读本

图说
中华优秀传统文化
名山胜地

秦 野 朱学强 编著

东北大学出版社
·沈阳·

ⓒ 秦 野 朱学强 2017

图书在版编目（CIP）数据

图说中华优秀传统文化. 名山胜地 / 秦野，朱学强
编著. —沈阳：东北大学出版社，2017.12（2025.1 重印）
　　ISBN 978-7-5517-1789-2

Ⅰ. ①图… Ⅱ. ①秦… ②朱… Ⅲ. ①中华文化－青
少年读物②名胜古迹－中国－青少年读物 Ⅳ.
①K203-49

中国版本图书馆 CIP 数据核字（2017）第328178号

出 版 者：东北大学出版社
　　　　　地址：沈阳市和平区文化路三号巷 11 号
　　　　　邮编：110819
　　　　　电话：024-83687331（市场部） 83680267（社务部）
　　　　　传真：024-83680180（市场部） 83687332（社务部）
　　　　　网址：http://www.neupress.com
　　　　　E-mail：neuph@neupress.com
印 刷 者：三河市万龙印装有限公司
发 行 者：东北大学出版社
幅面尺寸：170mm×240mm
印 　 张：11.25
字 　 数：162 千字
出版时间：2017 年 12 月第 1 版
印刷时间：2025 年 1 月第 6 次印刷
责任编辑：向 阳 潘佳宁
责任校对：叶 子
封面设计：潘正一
责任出版：唐敏志

ISBN 978-7-5517-1789-2　　　　　定 　 价：38.50 元

"悦读"中国，"图说"文化

在我的童年里，书很少，值得读的有价值的书更少。那时候，总是几个小伙伴共享一本书，一个人朗读给一群人听，然后大家分享。那时候最喜欢的书，是图文并茂的，即使没有配图，我们也会想象出无穷无尽的画面。

那时候总是对历史文化方面的书有着特殊的情感，甚至是执着。长大以后，成为教师，成为中华优秀传统文化的传播者，更是把编写少儿国学文化普及读物作为自己的一项使命。

带着儿时的执念，也带着对中华文化的热爱，我们为青少年朋友编写了这套"图说中华优秀传统文化"丛书。

这套丛书从青少年的兴趣出发，围绕科技发明、江河湖海、文治武功、文化古迹、书法绘画、经史子集、民俗礼仪、百家争鸣、名人典故、文史趣谈、名山胜地、历代珍宝等十二个主题，通过中华文化核心理念、故事、图片、思考、诗文等板块，图文并茂、全方位地解读中华文化。阅读本书，你能感受到——

仰望星空，俯察大地，铸鼎烧瓷，琢玉雕金，四大发明纵横世界，先人的智慧与汗水凝聚古今！

浩浩长江，巍巍昆仑，三山五岳，青海长云，黄河之水天上来，那是九州血脉！

秦皇汉武，唐宗宋祖，文治武功，永乐康乾。以经天纬地智慧，谋万民福祉，开创盛世中华！

万里长城，都江古堰，布达拉宫，紫禁之巅，圣哲先贤的身影，穿梭于秦时明月汉时关！

一点朱红，万般青翠，工笔写意，凤舞龙飞，颜筋柳骨勾勒出炎黄子孙的雄壮华美！

圣人辈出，述往思今，栉风沐雨，百家争鸣，经史子集里谱写着任重道远的担当！

"悦读"中国，"图说"文化。愿这套书带给你一股温暖、愉悦的力量。

秦　野
2017年9月

目 录
CONTENTS

明月照天山

天山

　　天山，古名白山，又名雪山，因为冬夏山上都覆盖着雪。天山位于欧亚大陆腹地，东西横跨中国、哈萨克斯坦、吉尔吉斯斯坦和乌兹别克斯坦四国，是世界上距离海洋最远的山系和全球干旱地区最大的山系。

天山瑶池

天山瑶池是中国神话中西王母居住的地方，瑶池也叫天池，在这里流传着西王母的传说。

传说在中国古代，有一个喜欢到远处旅游的国王——周穆王——乘着八匹骏马拉的车，来到天山游玩，恰巧碰到西王母，西王母在瑶池宴请周穆王，两人暗生爱意。西王母沉浸在甜蜜的爱情之中，特别爱美，爱梳洗打扮。于是，她就使了仙法，在天山下划了三个天池，一个洗脸，一个洗澡，一个洗脚。这洗澡的最大，便是大天池，洗脸的是东小天池，洗脚的是西小天池。这三个大小天池里全是天山上流下的雪水，水如玉汁，清澈透亮，偌大的三个天池专门供王母娘娘一人所用。

天池既是西王母梳洗之用，那可不能让别人随意进出，就连窥一眼都不行。王母娘娘就在西小天池外修了一个石门。这石门两峰夹峙，中通一线，门窄仅十余米，极易把守。西王母洗澡的地方有这一道门，就派小白龙去看守，以保万无一失。

据说，这天池里本来有一个水怪，因为西王母在开蟠桃会的时候没有请他，越想越生气：这上仙下神，你王母娘娘请了各路神仙来赴蟠桃会，偏偏不请我天池之主。所以，他就兴风作浪，扰得天池之水波涛汹涌，不让西王母娘娘洗澡。这还了得，西王母大怒，拔下头上的宝簪投入天池，这宝簪化为一棵大榆树，锁镇了水怪。按说这海拔近2000米的地方榆树根本不能成活，可天池边就有这棵千年古榆如今还郁郁葱葱地挺立池边，且池水再涨也不及其根部，就因为它是西王母的宝簪化的，人们称它为"镇海神针"，成了天池八景之一。

瑶池

图说

瑶池是古代中国神话传说中昆仑山上的池名，为西王母所居美池。高大雄伟的昆仑山就好像来自九天之外，白雪皑皑的慕士塔格峰更是高耸擎日。在《山海经校注》上曾经记载，"西王母虽以昆仑为宫，亦自有离宫别窟，游息之处，不专住一山也。"

天山雪莲

雪莲花，因其顶形似莲花，故得名雪莲花，简称雪莲。分布于中国多地高寒地带。以天山所产最多，质亦最佳。可作药用，也有一定的观赏价值。

雪莲花

图说

雪莲花〔学名：Saussurea involucrata（Kar. et Kir.）Sch.-Bip.〕，因其顶形似莲花得名，简称雪莲。为多年生草本，高15～35厘米。根状茎粗，颈部有多数纤维状叶残基。茎粗壮，无毛。叶密集，基生叶和茎生叶无柄，叶片椭圆形或卵状椭圆形；最上部叶苞叶状，膜质，淡黄色，包围总花序，边缘有尖齿。头状花序10～20个，在茎顶密集成球形的总花序。总苞半球形，直径1厘米；总苞片3～4层，边缘或全部紫褐色。小花紫色。瘦果长圆形。冠毛污白色。花果期为7～9月。

相传，过去天山上经常有异光出现，而每当异光乍现后，都会有一朵雪白美丽、像荷花一样的花开放，人们把这种花唤做雪莲。雪莲花是王母在天上沐浴的专用花，每当王母沐浴时，不时就会有一朵雪莲溢出浴缸，而那时，这天山上就会有异光乍现，因为这天山极顶是王母梳妆台上的一面镜子，那镜子久在天宫充满灵性，每当它见有美丽雪莲流逝而去时，就会发出惊异的叹息，这就是那天山奇异光芒的原因。雪莲花是天上的神物，不要说吃上一口，就是放在鼻下闻上一闻，也会气清神爽，百病难侵。

🔍 成语

冰清玉洁

清，清澈；洁，洁白。像冰那样清澈，像玉那样洁白。也作"玉洁冰清"。比喻人品高尚、纯洁，做事光明磊落。

美丽天鹅湖

在天山的深处，有一个神秘的天鹅湖。

相传一位哈萨克姑娘哀痛于她不幸战死在沙场上的情郎，痛哭了三天三夜，流下的眼泪形成了天鹅湖。每年夏秋时节，天鹅湖畔都会有美丽的天鹅在此驻足，与蓝天白云、青松绿草相映成辉。据说，天鹅便是哈萨克姑娘的化身。天鹅湖为山岭森林和草甸牧场所环抱，环湖皆景，处处如画。

这个神秘的天鹅湖就是巴音布鲁克天鹅湖，是亚洲

☀ **延伸思考**

1. 天山是世界七大山系之一，你知道其他的六大山系吗？

2. 想一想，"三山夹两盆"指的是什么？

最大、我国唯一的天鹅自然保护区，栖息着我国最大的野生天鹅种群。每逢春季，冰雪解冻，春暖花开之时，栖居在印度、缅甸、巴基斯坦，甚至远到黑海、红海和地中海沿岸诸国的以大天鹅、小天鹅、疣鼻天鹅为主的上万只珍禽，便不远万里，成群结队地飞到巴音布鲁克栖息繁衍。当冬季来临，它们又携带家眷，飞越喜马拉雅山南去。

🔗 诗文链接

天山雪歌送萧治归京

唐·岑参

天山有雪常不开，千峰万岭雪崔嵬。

北风夜捲赤亭口，一夜天山雪更厚。

能兼汉月照银山，复逐胡风过铁关。

交河城边飞鸟绝，轮台路上马蹄滑。

晻霭寒氛万里凝，阑干阴崖千丈冰。

将军狐裘卧不暖，都护宝刀冻欲断。

正是天山雪下时，送君走马归京师。

雪中何以赠君别，惟有青青松树枝。

巍巍昆仑

昆仑山

　　昆仑山（昆仑山脉），又称昆仑墟、中国第一神山、万祖之山、昆仑丘或玉山。是亚洲中部大山系，也是中国西部山系的主干。昆仑山在中华民族的文化史上具有"万山之祖"的显赫地位，古人称昆仑山为中华"龙脉之祖"。昆仑山在神话中占有崇高的地位，是天庭下都，亦是人文始祖伏羲的王都。

昆仑山方圆八百里，高达七八千丈。上面长着一种树木，高四丈，五个人手拉手才能合抱。山的每一面有九口井，每口井都用玉石（注：古人所说玉石，并不是现代所说的真正的玉，仅指优质石）作栏杆。每一面都有几道门，每道门都有开明兽在那里看守。开明兽是位半人半兽的神，身躯有虎那么大，九个头，长得都是人的面貌，向着东方，立在昆仑山上。昆仑山是百神所在的地方。

昆仑神话——盘古开天地

相传，天和地还没有分开前，宇宙混沌一片。有个叫盘古的巨人，在这混沌之中，一直睡了一万八千年。有一天，一声春雷把他给惊醒了。他睁开眼睛一看，周围一片漆黑，什么也看不见，闷得人十分难受。他对这种境遇十分气恼。东摸西摸，摸出一把大板斧来，朝着眼前的一片黑暗混沌奋力一砍，只听得山崩地裂的一声巨响，混沌的东西被他从当中劈开分为两半。混沌中清而轻的东西化为气体冉冉上升，变成了天。脚下重而浊的东西，沉沉下降，不断加厚，变成了地。这样，宇宙有了天和地。

盘古开天地

图说

　　《六韬·大明》云："盘古之宗不可动，动者必凶。"盘古神话叙事见于《三五历纪》《五运历年记》《述异记》等，盘古的化万物一说最早出现在南朝梁人任昉所作的《述异记》，最早形象见于《广博物志》和《乩仙天地判说》，为龙首蛇身、人面蛇身。

天和地分开以后，盘古怕他们还要合拢，索性头顶着天，脚踏着地，站在天地当中，随着他们的变化而变化。天每日上升一丈，地每日加厚一丈，盘古的身体每日也长高一丈，这样又过了一万八千年，天越上升，地越加厚，盘古也越高大，成为世界上唯一的"顶天立地"的大英雄，不让天和地有重归于黑暗混沌的机会。

他孤独地站在那里，坚持做着撑天拄地的辛苦工作，可是四周却黑暗如故，伸手不见五指，大地寂寞而寒冷。盘古十分忧伤，他想：这世界太可怕了，没有光、没有热、没有山、没有水，什么都没有。后代无法生存下去，他必须牺牲自己。他毅然决然地大喊一声，倒下来死去了。

盘古的死引起了一连串生命的诞生。他临死的时候，周身突然发生了很大的变化。他的左眼变成了太阳，右眼变成了月亮，他口里呼出的气变成了风和云，他的声音变成轰隆的雷声，他的身体和手脚变成了大地的四面和东西南北中的五方名山，他的血液变成了江河湖海，他的筋络变成岭山道路，他的肌肉变成了田野土地，他的皮肤和汗毛变成了花草树木，他的头发变成了天卜星辰，他的骨骼变成岩石矿藏，他的汗珠变成了甘霖露水，他欢喜时的笑容变成朗朗晴天，他烦恼时的愁容变成沉沉阴天，这垂死化身的盘古为人类创造了一个美好的世界。

💡 **延伸思考**

《宝莲灯》中的沉香也曾劈山救母，关于沉香的故事你还记得吗？

🔲 昆仑神话——伏羲创龙图 🔲

相传，有个地方在九千年前发生了一次大地震，电闪雷鸣，洪水滔天。洪水过后，这个地方形成了一个大沼泽。因雷声在此炸响，故叫"雷泽"。有一个勤劳聪明的姑娘，有一天在雷泽边偶然发现了一个巨大的脚印，觉得很是奇怪，就用自己的脚去踩了踩这个巨大的脚印，忽然她的腹中有了感应，后来就怀了孕，生下一个儿子，人首蛇身。她觉得神秘异样，就给孩子取名宓羲，因孩子能伏地快速行走，又叫伏羲。

伏羲长大成人后，绝顶聪明，力大无穷。听说域内的昆仑山是天帝的下都，至此可以直达天庭，向天帝倾诉人间的祸福因由，得到天帝的恩赐，为天下的老百姓带来更多的幸福。于是他率人翻山越岭，披荆斩棘，寻到了昆仑山下。仰头一望，山高数万仞，没有道路可以上山。他仔细看了看周围的环境，发现在悬崖峭壁上，由顶到底长着弯弯曲曲、盘缠交错的枝条，他试着一拉，软软绵绵扯不断的枝条，又坚韧又结实，于是喊来几个人合力拉也拉不断。伏羲突然茅塞顿开，满腔热血地顺着这直入云霄的细长枝条爬了上去。到了顶端，他四下一望，高兴得跳了起来。伏羲手舞足蹈，欣喜若狂。朝山下大声喊道："我们找到天庭下都啦！你们快上来吧！"

伏羲聚齐了同伴，率领他们绕着天庭下都四处察看。伏羲举目远眺，四面山岭逶迤磅礴，山上的树木郁郁葱葱，各种动物欢呼跳跃和谐相处。好一处难得的世外桃源，人间仙境。伏羲遂决定定居此地。

以伏羲为首领的部落在此长期定居，以渔猎为生。伏羲将此山命名为昆仑丘（墟），他十分关心部落族群的生活疾苦，看到有的人吃了生鱼、生猎物，就出现腹痛，甚至死亡，很是难过。

☀ **延伸思考**

关于昆仑山，你还知道哪些神话传说故事？讲给大家听一听吧！

人首蛇身的伏羲

图说

    伏羲，华夏民族人文先始，三皇之一，亦是与女娲同为福佑社稷之正神。楚帛书记载其为创世神，是中国最早的有文献记载的创世神。

　　有一天，在东南部的最高山顶上，山林燃起了大火，他急忙带人上山灭火，天公作美，一场大雨浇灭了大火。伏羲发现了一头被大火烧焦的梅花鹿，在死鹿身下还残存有火种。他看见大家饥肠辘辘，就把烧焦了的鹿肉撕开分给大家来吃。这一吃，吃出了滋味，大家觉得比吃生肉好多了。于是，伏羲就把火种包起来带回龛下，架起小火烤了一只山鸡和一只野兔，一尝，真是美味佳肴。聪明的伏羲就保存了火种让人们都能吃到烧熟的食物。

　　伏羲勇敢地担当起了整个部落生存、繁衍、壮大的责任。他开始思考天地万物和人之间的种种情况，经过十几年的考察研究，伏羲发现了天上七颗最明亮的星，并称它们为北斗七星。伏羲又根据昆仑丘周边山川、树木、花草的变化，总结出了温热寒冷四季规律。

　　有一天，伏羲在昆仑丘反复徘徊时，突然觉得自己好像在龙身上往返，加上鸟兽之文，很有诗情画意，细细揣摩，豁然开朗，这昆仑丘不就是地龙的龙头吗？山岭自北向南排列有序的小山峰不就是地龙之脊吗？他为之一振，马上召集手下的几个头领商议推论，最后他们决定将阴阳双龙交错太极图作为本部图腾标识并昭示天下。伏羲教百姓如何认识风雷水火，日月山泽。他把枯藤编织起来，做成了渔网，教人们打鱼，把荆条结成鸟网，教人们捕鸟，大大地改善了人民的生活。伏羲被部落人民尊称为天神，他的后代子孙绵延相传，称自己是"龙的传人"。

八卦图

八卦最先由伏羲根据燧人氏造设的两幅星图历法《河图洛书》创设。地点在洪洞卦地村，因为此村四面环山，又有8个村庄分布于四周，而且均相隔8华里（1华里即1里，等于500米），形似卦底。伏羲以景画卦，故创八卦图。此图由周文王在伏羲所创八卦图的基础上演变而来。八卦图位于洪洞大槐树景区的中轴线上，取意"根在洪洞"。

诗文链接

狱中题壁

清·谭嗣同

望门投止思张俭，忍死须臾待杜根。

我自横刀向天笑，去留肝胆两昆仑。

雪域珠峰

珠穆朗玛峰

　　珠穆朗玛峰是喜马拉雅山脉的主峰，位于中国与尼泊尔边境线上，它的北部在中国西藏自治区定日县境内，南部在尼泊尔境内，而顶峰位于中国境内，是世界最高峰。

　　藏语中，"珠穆"是女神的意思，"朗玛"是第三的意思。因为在珠穆朗玛峰的附近还有四座山峰，珠峰位居第三，所以称为珠穆朗玛峰。

珠峰传说

相传很久以前，珠峰附近还是一片汪洋大海，珠峰脚下花草茂密、蜂蝶成群。一天，突然来了一个五头恶魔，想要霸占这片美丽的地方，它把大海搅得恶浪翻滚，并毁坏森林，摧残花木。一时间，一个富饶肥沃的地方变得乌烟瘴气，满目疮痍。正当鸟兽走投无路、坐以待毙时，从东方漂来一朵五彩祥云，变成五个美丽的仙女，施展无边法力，降伏了五头恶魔。从此，大海变得风平浪静，生活在这里的众生都万分感激，对仙女顶礼膜拜。

仙女们本想功成后返回天庭，无奈众生苦苦哀求，希望她们能永远留下，降福人间，和众生共享太平。众女神终于同意，她们喝令大海退去，使东边变得森林茂密，西边出现良田万顷，南边草肥林茂，北边牧场无垠。五位仙女也变成喜马拉雅山脉的五大高峰，驻扎于人间大地，其中排行第三的仙女长得最高、最俊俏——她就是珠穆朗玛峰。

延伸思考

珠穆朗玛峰是世界最高峰，你还知道哪些世界之最呢？

珠峰绒布寺

绒布寺位于西藏日喀则地区定日县巴松乡南面珠穆朗

玛峰下绒布沟东西侧的山顶，距县驻地90公里，海拔5154米，地势高峻寒冷，是世界上海拔最高的寺庙，所以景观绝妙。

绒布寺，全称"拉堆查绒布冬阿曲林寺"，属西藏宁玛派寺庙，是一个富有地方特色的僧尼混居寺。绒布寺始建于1899年，位于珠峰北麓的绒布冰川末端，海拔5154米，距离珠峰有约20公里的路程。

绒布寺

图说

绒布寺是从北坡攀登珠穆朗玛峰的大本营。从这里向南眺望，可以看到珠峰山体像一座巨大的金字塔，巍然屹立在群峰之间，令人望而生畏。每当天气晴朗，能够见到山顶有一团乳白色的烟云，像一面白色的旗帜在珠峰上空飘扬，被称为"世界上最高的旗云"，堪称世界一大奇观。

整个绒布寺依山而建，一共五层，使用的只有两层。据说当初之所以把寺庙建得这么高，主要是因为这里非常清静，便于休息。这里信奉宁玛派，寺外白塔下的玛尼堆用于当地佛教信徒们为自己祈求好运。

绒布寺主殿正面供有释迦牟尼、莲花生等佛像。每年的藏历四月十五，是纪念释迦牟尼诞辰的节日，而"羌姆"则在次日举行。当日，绒布寺下面会驻扎许多帐篷，来看羌姆舞的乡民提前一天住在这里。在布置一新的绒布寺内外，人头攒动，山上新的绿色经幡迎风飘动，寺庙到处挂起了彩色的旗子、经幡和装饰物。

前来观看的多数是藏族人，他们带着酥油茶和糌粑。十点钟，要跳一天的羌姆舞正式开始。先是由带黄色鸡冠形法帽的僧人们拉开序曲，僧人们两个一组，当他们身穿华美的法衣陆续跳到院子周围时，人群便欢呼起来。院中立根高高的柱子，挂有黄红蓝三色经幡，他们就围绕它不急不慢地跳。八位僧人头戴法帽，他们汇在一起漫步，看上去精彩绝伦。有一半的人手拿绿色的圆鼓，边打边跳。在长长的法号、唢呐和法钹声中，绒布寺的僧人沉浸在自己每一个手势和舞步中。

珠峰攀登记录

高耸入云的珠穆朗玛峰一直是人类想要证明攀登能力的圣地。自 1953 年 5 月 29 日人类首登珠峰成功之后，包括中国在内的世界各地的许多登山爱好者都在珠峰顶上留下了脚印。

1998 年 5 月 26 日上午 7 时，英国登山者贝尔格里尔斯与他的朋友登上珠峰之巅。

1999年5月27日，西藏登山队10名藏族队员一次全员登上珠峰，并在顶峰采集到第六届全国少数民族传统体育运动会圣火火种。

2000年，中国第一个民间单人挑战珠峰的黑龙江勇士阎庚华于5月21日登顶，但不幸的是在下山途中遇难。

2002年，又一名勇士王天汉终于单人挑战珠峰获得成功。

2003年，中韩联合登山队和2003中国珠峰登山队的14名中国队员分别在5月21日和22日成功登顶珠穆朗玛峰。

2005年3月20日到6月20日，中国科学院、国家测绘局再次对青藏高原珠穆朗玛峰地区进行了综合科学考察，还联合中国女子登山队员登上珠峰顶，用雷达的手段以及GPS定位方法重新测高。

2007年，20岁的夏尔巴小伙子塔什·拉克帕·谢尔帕从加德满都出发，向珠穆朗玛峰发起第三次冲击。

珠峰登山者

2008年5月8日第29届夏季奥林匹克运动会火炬——祥云，被中国健儿带上了世界最高峰——珠穆朗玛峰（海拔8844.43米）。成为奥运火炬传递史上海拔最高的火炬传递站。

2008年5月25日凌晨，76岁的尼泊尔老人明·谢尔钱成功登顶珠穆朗玛峰，成为世界上成功登顶珠峰的最年长者。

2012年5月，尼泊尔加德满都市的Kame Sherpa在9天内分别于5月19日12时5分、5月24日6时36分、5月27日5时27分3次登上珠穆朗玛峰，创下9天内成功登上珠穆朗玛峰次数最多的世界纪录。

2014年6月5日，印度一名13岁的少女蒲尔娜成功登顶珠峰，成为全球登上珠穆朗玛峰的最年轻女性。

诗文链接

念奴娇·题珠穆朗玛峰

佚 名

地球屋脊；望云天深处，

缥缈氤氲。刺破苍穹惊碧落，

相伴天日星辰。灿烂云霞，

柔光轻染，娇艳素纱裙。

带羞含怯，玉环飘落凡尘。

风动云绕腰身，翩然仙袂舞，

迷醉晨昏。俯首千峰裙下拜，

独秀空惹闲云。寂寞谁知，

凄寒谁顾？伤岁月年轮。

向嫦娥问：夜深仍待无人。

苍茫阴山

阴山

　　"但使龙城飞将在，不教胡马度阴山"，王昌龄的一首边塞诗，不仅写尽了对驻守边疆的将士们久征未归的同情，也将阴山赋予了浓厚的战争气息。阴山，真的只是战场吗？还是说，它是"天苍苍，野茫茫，风吹草低见牛羊"的草原圣地？

阴山地区人类活动的历史非常悠久，是内地汉族与北方游牧民族交往的重要场所。阴山蒙古语名为"达兰喀喇"，意思为"70个黑山头"，古时候的人们因为山脉绵延千里都是土色灰白，所以称之为阴山。阴山地区是中原农耕文化与北方游牧民族的地理分界线和过渡地带，是历史上南北两种不同文化相互冲突和交融的重要地区，在中国历史上，这一地区对中原各个政权的边疆稳定和内外政策产生过直接而巨大的影响。秦汉和隋唐是中国历史上两大强盛时期，同时北方出现了强大的匈奴、突厥等政权。中原的政权和北方少数民族政权互相对峙，在阴山地区展开了激烈的争夺。

阴山岩画

阴山岩画的题材极为丰富，包括有动物、人物图案以及当时人们狩猎、乘骑、放牧、舞蹈、征战、巫师做法的情形，还有日月星辰、圆穴等大量的符号、标记等。专家表示，岩画的创作历经旧石器时代晚期、新石器时代、青铜时代、战国时期、秦汉时期、南北朝时期、隋唐时期、西夏时期、元朝时期、明清时期共10个阶段。

阴山岩画大多取材于游牧民族的狩猎活动，其中数量最大，凿刻最精致的是动物岩画。画中动物有山羊、绵羊、盘羊、羚羊、岩羊、大角鹿、白唇鹿、赤鹿、麋鹿、驼鹿（罕达犴）、狍子、马、骡、驴、驼、牛、野牛、羚

☀ 延伸思考

岩画上画的内容一般是什么？

岩画

图说

　　阴山岩画是中国已发现的岩画中分布最为广泛、内容最为多样、艺术最为精湛的岩画，不仅是世界上最早发现的岩画，也是世界上内容最丰富的岩画之一，是中国最大的岩画宝库。早在5世纪时，境内的阴山岩画就被北魏地理学家郦道元所发现，他在著名的《水经注》中作了详细的记述。

牛、狗、龟、野猪、兔、狐狸、蛇、狼、虎、豹等。其次，岩画中狩猎的画面也占有重要地位，数量可观，艺术地再现了史前巴彦淖尔地区各民族的社会生活，是整个岩画中最绚丽的部分。狩猎画中表现了各种各样的猎手、武器及狩猎方式，无论独猎或众猎，还是引弓射猎或围捕野兽的场面，都表现其最紧张的一刹那，再现猎手对野兽致命处的打击过程，表现出猎人获得猎物的强烈愿望和高超的捕猎技能，也反映出原始人类的文化艺术来源于人类同大自然的斗争这一规律。

李靖夜袭阴山

唐太宗即位初期，中原战事虽然结束，但西边边境上还很不安定，特别是东突厥，当时还很强大，东突厥的颉利可汗成为唐朝主要的威胁。

公元630年，唐朝初年有名的军事家李靖亲自率领三千精锐骑兵，从马邑出发，趁颉利不备，连夜进军，逼近突厥营地。颉利毫无防备，发现唐军突然出现，大惊失色，将士们也慌了手脚，说："这次一定是唐朝发动全国兵力来了，要不然李靖怎敢孤军深入呢？"

还没有到唐军发起攻击，突厥兵就先乱了起来。李靖又派间谍混进突厥内部活动，说服颉利一个心腹将领投降，颉利一看形势不妙，就偷偷逃跑了。

李靖攻下定襄，得胜回朝，唐太宗十分高兴地说："从前汉朝李陵带兵五千结果不幸被匈奴所俘虏，现在你以三千轻骑深入敌人后方，攻克定襄，威震北方。这是自古以来少有的盛事啊!"颉利逃到阴山以北,怕唐军继续追赶,派使者到长安求和,说要亲自朝见。唐太宗一面派唐俭到突厥表示安抚,另一方面又命令李靖带兵前去察看颉利动静。

李靖和李勣两个人商量怎样对付颉利。李靖说:"颉利虽然打了败仗,但手下人马不少,如果让他逃跑,以后我们再要追他就很困难了。我们只要选一万精兵,带二十天粮跟踪袭击,一定能把颉利活捉住。"徐世勣也赞成这个意见,两支军队就向阴山进发。

颉利可汗求和实际上只是缓兵之计,他想等草青马肥季节来到之后再逃到漠北。他看到唐俭来到突厥,以为唐太宗中了他的计,暗暗高兴,防备也自然松懈下来。

当天晚上,李靖和李勣率领唐军到了阴山。命令部将苏定方率领二百名轻骑,趁着夜雾悄悄进军,到突厥前哨发现唐军的时候,唐军距离颉利营帐只有七里地了。

颉利得知唐军骑兵来到,赶快找唐俭。谁知唐俭已经瞅准机会脱身回到唐营,颉利慌忙骑上他的千里马逃走。李靖指挥唐军追杀,突厥兵没有主帅乱成一团,唐军歼灭突厥兵一万多,还俘获大批俘虏和牲畜。

颉利东奔西逃,最后带着几个亲兵躲进荒山里,被他的部下抓住后交给唐军,后来被押送到长安。一度很强大的东突厥灭亡了,唐太宗并没有杀死俘虏,而是在东突厥原地设立了都督府让突厥贵族担任都督,由他们管理突厥各部。这次胜利提高了唐太宗在西北各族中的威信。这一

延伸思考

想一想,我国季风区和非季风区的分界线都是由哪些山脉组成的呢?

年，各族首领一起来到长安朝见唐太宗，拥护唐太宗为他们的共同首领，尊称他"天可汗"。

诗文链接

于中好·谁道阴山行路难

清·纳兰性德

谁道阴山行路难。风毛雨血万人欢。

松梢露点沾鹰绁，芦叶溪深没马鞍。

依树歇，映林看。黄羊高宴簇金盘。

萧萧一夕霜风紧，却拥貂裘怨早寒。

愁看"武陵"烟

武陵山

武陵山（脉），盘踞湖北、湖南、重庆、贵州四省市的交界地带。海拔在1000米左右，峰顶保持着一定平坦面，山体形态呈现出顶平、坡陡、谷深的特点，最高峰凤凰山海拔2572米。"武陵"这一地名，最早出现在西汉初年。

西汉建立以后，改黔（贵州）中郡为武陵郡，隶属荆州刺史部，"武陵"这个名字便在历史上长期使用。

武陵山是一个风景秀丽的地方，主要的景区有：大裂谷景区、角帮寨景区、武陵山国家森林公园。

武陵山大裂谷

延伸思考

查找资料，请猜猜裂谷是怎样形成的？

景区集山、峡、林、泉、瀑、崖、洞、潭、溪、坑、缝于一体，其状如薄刀、连绵上千米的绝壁石峰属中国罕见。在绿荫葱茏的主游道上，分布着一处处奇观异景：薄刀岭、石夹门、万卷书、将军头、如来神掌、铜墙铁壁、五猴下山……此外，还有水晶湖、情人谷、舍身崖、一线天、万丈坑等。

大裂谷景区，森林覆盖率达95%以上，植物种类超过2000种，珍稀树种广泛分布，珍禽异兽闪跃林中，素有"动植物王国"及"地质博物馆"之美誉。景区内有丰富的高山涌泉，其泉水质清澈纯净，长流不息。

景区内最险峻的景观，莫过于大裂谷尽头一条长约1.5公里的地缝。地缝最窄处只能一个人侧着身子小心翼翼地通过。

武陵角帮寨

被誉为"千里乌江第一寨"的角帮寨，始建于唐朝，距今已有一千多年历史。此寨原名"穆角寨"，至清代方改名为"角帮寨"。

大裂谷

　　武陵山大裂谷景区位于重庆市涪陵区城东南约40公里的武陵山乡境内，武陵山系西北尾端，乌江下游东岸。景区创建面积9平方公里，平均海拔1300米，最高处1980米，山势奇峻多姿，原生植被丰富，种类繁多，共有2000余种野生植物和200余种野生动物；空气清新宜人，生态环境极其优良，山、林、泉、洞、瀑、崖、湖、潭、峡、坑、缝一应俱全，旅游资源极为丰富。十里大峡谷雄阔壮美，谷底奇石叠垒，溪流淙淙；天然绝壁宛如万里长城，绵延数里；地缝、暗河神奇壮观。其中铜墙铁壁、如来神掌、将军石、青天峡地缝等景点堪称一绝。

　　角帮寨方圆25平方千米，"以峡著险、以林见秀、以岩称奇、以水显幽"。寨内土地平旷，低矮的山峦比比皆是，素有"百顶村"之美誉。古寨的北、西、南三面都是深不见底的万丈深渊，东面是滔滔奔流的乌江天堑，仅有悬崖绝壁上一条小路与外界相通。

寨内有树龄上千年的古松和古银杏树，也有穿梭于悬崖隙缝间的猴群、野猪、金钱豹、大灵猫、赤腹松鼠、红腹锦鸡、啄木鸟、猫头鹰等飞禽走兽。

武陵山国家森林公园

武陵山国家森林公园地处重庆市，北抵长江、两临乌江，山上森林茂密，峰峦叠嶂，具有中国少有的千顷柳杉林之奇、"鸟鸣谷"之幽、"揽月峰"之雄、"千尺崖"之陆、"常春谷"之野。春可赏花，夏可避暑，秋可观果，冬可滑雪，称得上"五步一个景，十步一重天"。公园内林海茫茫，花果累累、奇峰异洞，风光旖旎，令人神往。

武陵山国家森林公园核心景区内，曾是香火旺盛的佛教圣地，蕴藏着丰富的佛教文化和巴人文化。

延伸思考

你还知道武陵山有哪些著名景点？

武陵山国家森林公园

　　五座相连的山峰屹立在千尺崖中段，站在悬崖上部遥望五座山峰，人们惊奇地发现，在每座山峰的腰部都有一个大大的"缺口"。相传，那是一位神仙在进行造山运动时，不小心把一个叫"宏"的天神压在山下，那位神仙只好请来天神之子"宇"。"宇"用巨斧把山劈开，救出父亲。故事听起来虽然觉得离奇，但那逼真的大缺口却给人以无限遐想。

桃花源记

桃花源记

晋·陶渊明

　　晋太元中，武陵人捕鱼为业。缘溪行，忘路之远近。忽逢桃花林，夹岸数百步，中无杂树，芳草鲜美，落英缤纷，渔人甚异之。复前行，欲穷其林。

　　林尽水源，便得一山，山有小口，仿佛若有光。便舍船，从口入。初极狭，才通人。复行数十步，豁然开朗。土地平旷，屋舍俨然，有良田美池桑竹之属。阡陌交通，鸡犬相闻。其中往来种作，男女衣着，悉如外人。黄发垂髫，并怡然自乐。

　　见渔人，乃大惊，问所从来。具答之。便要还家，设酒杀鸡作食。村中闻有此人，咸来问讯。自云先世避秦时乱，率妻子邑人来此绝境，不复出焉，遂与外人间隔。问今是何世，乃不知有汉，无论魏晋。此人一一为具言所闻，皆叹惋。余人各复延至其家，皆出酒食。停数日，辞去。此中人语云："不足为外人道也。"

　　既出，得其船，便扶向路，处处志之。及郡下，诣太

守，说如此。太守即遣人随其往，寻向所志，遂迷，不复得路。

南阳刘子骥，高尚士也，闻之，欣然规往。未果，寻病终，后遂无问津者。

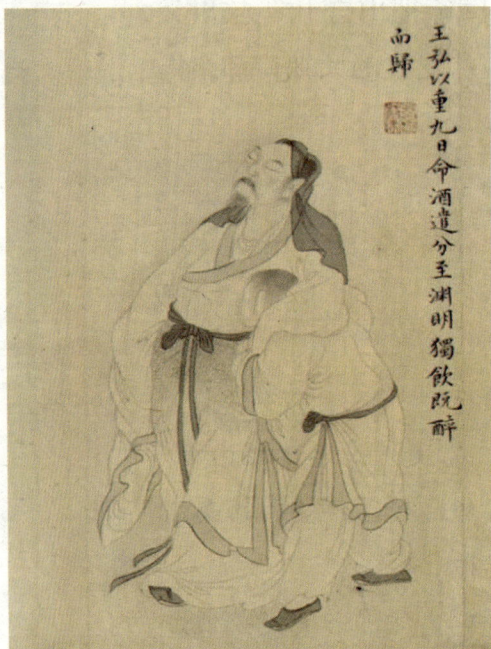

陶渊明画像

诗文链接

文庄行

佚 名

云蒸雾绕深锁藏，进退浮沉几沧桑。

龙舞九天谱新曲，武陵春色冠四方。

江南诗山

敬亭山

　　敬亭山位于中国安徽省宣城市区北郊，原名昭亭山，西晋时为避晋文帝司马昭名讳，改称敬亭山。历代咏颂敬亭山的诗、文、记、画数以千计，因此被誉为"江南诗山"。

延伸思考:

你知道五岳和四佛分别指什么吗?

唐代大诗人李白一生七次登临敬亭山,曾写道:众鸟高飞尽,孤云独去闲。相看两不厌,只有敬亭山。

敬亭山既没有天柱山那样险峻,也不像九华山那样灵秀,更比不上黄山的奇绝,她不追"五岳"之雄奇,不纳"四佛"之烟火,但自有清丽时俏之容,千古诗山之誉,风流不绝之趣。敬亭山人文气息浓厚,有着许多的景点。

广教寺位于敬亭山南麓,为江南千古名刹,曾与九华山化城寺、黄山翠峰寺、琅玡开化寺合称四大名寺。广教寺在中国历代佛教寺院中具有显赫地位。此外,广教寺还是佛教重要分支心法宗派的发源地。

广教寺兴盛于宋元时期,清代乾隆年间毁坏严重,历代曾重修。1937年,抗日战争时期广教寺又毁于日本侵华战火,仅遗存广教寺双塔,双塔兴建于北宋时期。

广教寺

图说

广教寺位于江苏省南通市南郊的狼山风景区之中,是国务院确定的汉族地区佛教全国重点寺院,

2012年10月入选"中华佛教100名寺"。狼山是江苏省著名的自然风景区，江苏的旅游胜地，由狼山、马鞍山、黄泥山、剑山和军山组成。五山呈弧形排列，绵延3.6公里，总面积98.43公顷。其中狼山最为峻拔挺秀，南临长江，山水相依，风光秀丽，有"天然水石盆景"之誉。狼山海拔106.94米。据传因其形状似狼而得名。另传说曾有白狼出没，又名"白狼山"。山上岩石多呈紫色，故又称紫琅山。山前以佛教禅院为特色，文物古迹众多，寺庙古刹建筑成群；山后以山石、岩洞自然风光为主体。

昭亭坊位于敬亭山南麓。明代崇祯九年（1636年），宣城县令陈泰来建，并亲书"古昭亭"三个行书大字，也称古昭亭坊。坊以巨大石料砌成，两旁为两根方体石柱，上方连接石横梁，坊名刻在横额上，坊前有石砌台级。

昭亭坊

杜鹃花海

　　杜鹃花，又名映山红，是中国十大名花之一。在所有观赏花木之中，称得上花、叶兼美。而敬亭山每年3月杜鹃花开得最盛，满山遍野皆是。李白也曾为此景所折服，写下了《宣城见杜鹃花》，诗曰："蜀国曾闻子规鸟，宣城又见杜鹃花。"

　　敬亭山梨园在3月中旬至4月中旬为最佳赏花期。每当春天游览敬亭山的时候，在山脚下放眼眺望，都会看见一大片白色的花海，那就是梨园的美丽景色，梨花绽放之时，美轮美奂。徜徉在花海中，即使只是闻一闻梨花香，也会有醉人之意。

敬亭山梨园

图说

李白（701－762），字太白，号青莲居士，唐朝浪漫主义诗人，被后人誉为"诗仙"。汉族，祖籍陇西成纪（今甘肃天水附近），4岁随父迁至剑南道绵州。李白存世诗文千余篇，有《李太白集》传世。上元三年（762年）病逝，享年61岁。其墓在今安徽当涂，四川江油、湖北安陆有纪念馆。

李白

为何相看两不厌

玉真公主李持盈是武则天的孙女，玉真公主刚出生的时候，她的母亲窦氏被执掌皇权的祖母武则天赐死，自幼由姑母太平公主抚养。受父皇和姑母敬奉道教的影响，在豆蔻年华的年纪就入道为女冠，号持盈法师。入道后广游天下名山，喜欢结识有识之士。

李白（字太白）一生好道，玉真公主也是修道之人，和道家方面的人颇有些来往。于是经人推荐，在开元十七年（729年）时，李白就和玉真公主见了面。此时，李白写下这首诗："玉真之仙人，时往太华峰。清晨鸣天鼓，飙欻腾双龙。弄电不辍手，行云本无踪。几时入少室，王母应相逢。"太白就是太白，虽然是写给公主的，还是不失飘逸狂放的本色。玉真公主垂青于才华横溢的李白，到

延伸思考

在关于敬亭山的记载中，先后有300多名文人墨客、数以千计的诗文记画涉及此山，你能试着举例说明吗？

了天宝年间，玉真公主却鼓动皇帝哥哥宣诏李白入京。李白乐得直蹦高："仰天大笑出门去，我辈岂是蓬蒿人！"入京后，李白很受玄宗优待，封他为翰林学士。但李白还是难改纵酒的性情，"天子呼来不上船"，天子都叫不醒，公主叫他，肯定也是十次有八次叫不动。

于是，天宝三年，唐玄宗只好将他"赐金放还"。但此时玉真公主恐怕还并不是太同意，于是赌气对玄宗说："我的公主名号也不要了，把我那些级别和待遇都取消了吧。"玄宗开始不许，但玉真公主坚决要散去财产，辞掉公主的名号。但是这时候，玄宗也不是说凡事都依着自己的妹妹玉真公主了。所以，虽然知道公主是在赌气，也没有顺着她的意再重用李白，听任她去除名号，散财修道。

玉真公主晚年在安徽敬亭山修炼，李白也到过敬亭山上，赋诗道："众鸟高飞尽，孤云独去闲。相看两不厌，只有敬亭山。"后来，玉真公主于七十多岁时去世，葬于敬亭山。太白也于同一年仙逝于敬亭山的当涂县。

🔗 诗文链接

游敬亭山诗

齐·谢朓

兹山亘百里，合沓与云齐。隐沦既已托，灵异居然栖。
上干蔽白日，下属带回溪。交藤荒且蔓，樛枝耸复低。
独鹤方朝唳，饥鼯此夜啼。渫云已漫漫，夕雨亦凄凄。
我行虽纡组，兼得寻幽蹊。缘源殊未极，归径窅如迷。
要欲追奇趣，即此陵丹梯。皇恩竟已矣，兹理庶无睽。

四大盆地

柴达木盆地

　　所谓的盆地，就像是我们在家里的盆子一样，四周高中间低洼且平坦的地势，显然这样的地势都是非常低的，但是这样的地区资源往往是非常富饶的。传统中国四大盆地指位于中国地势第二阶梯的三个内陆盆地和第一阶梯的一个内陆盆地，分别是：塔里木盆地、准噶尔盆地、四川盆地、柴达木盆地。

塔里木盆地

　　塔里木盆地是世界第一大内陆盆地，位于新疆维吾尔自治区南部。西起帕米尔高原东麓，东到罗布泊洼地，北至天山山脉南麓，南至昆仑山脉北麓，大致在北纬37°～42°的暖温带范围内。

塔里木盆地

图说

　　塔里木盆地位于中国新疆南部，是中国面积最大的内陆盆地。盆地处于天山、昆仑山和阿尔金山之间。南北最宽处520公里，东西最长处1400公里，面积约40多万平方公里。海拔高度在800～1300米之间，地势西高东低。盆地的中部是著名的塔克拉玛干沙漠，边缘为山麓、戈壁和绿洲。

塔里木瓜果

　　早在5亿年前，塔里木和准噶尔是一片汪洋中的两大片陆地。大约距今2亿～3亿年前，地壳发生急剧变动，沉陷的海底隆起成高山。这样，塔里木和准噶尔便成了众山环抱的两个盆地，并为天山所分隔。

　　"塔里木"维吾尔语意为"无缰之马"。塔里木盆地位于天山以南、昆仑山和帕米尔高原之间，近似菱形，仅东端有宽约70公里的缺口与甘肃河西走廊相连，是一个巨大的内陆盆地。盆地地面由西向东微微倾斜，西部海拔可达1300米，东部的罗布泊则降低到768米。

　　塔里木盆地具有明显的环状地理带。从盆地边缘向中心，环带的变化规律是：高山带、山麓砾石（戈壁）带、绿洲带、沙漠和盐湖带，各地带的景色截然不同。高山顶部有无数冰山雪峰，天山山脉多苍郁深密的森林，山地生长着茂盛的牧草，是优良的天然牧场。砾石带的水均渗入石砾地下，地面草木不生，非常荒凉。绿洲带田园阡陌相连，渠道密如蛛网，盛产小麦、玉米、水稻和棉花。所产棉花纤维细长，质地优良。沙漠和盐湖带占有很大面积，在罗布泊以东主要是戈壁，罗布泊以西广大地区则主要是流沙，沙层极厚，沙丘重重，一般植物难以在这种极端干燥的沙丘上生长。

准噶尔盆地

准噶尔盆地位于新疆境内，天山山脉和阿尔泰山脉之间，平面形态南宽北窄，略呈三角形，面积约38万平方公里。根据航磁等资料综合分析认为，准噶尔盆地具有双基底结构：下部为前寒武纪结晶基底，上部为晚海西期(泥盆~早中石炭世)的褶皱基底。

准噶尔盆地位于天山以北，天山与阿尔泰山之间，西北、东北和南面均为高山所包围，呈一不等边的三角形，是中国第二大盆地。盆地地势由东向西微微倾斜，东端海拔高度可达千米，而西部的湖沼洼地已下降到200~400米，艾比湖水面高程仅189米，是盆地最低部位。

准噶尔盆地的地形结构与塔里木盆地相似，但四周的山岭有许多缺口，所以盆地形状不如塔里木完整。盆地东西两端较为开展，成为中国通往中亚的通道。盆地的海拔平均约500米，向东地势渐高，与内蒙古高原相连接。盆地内部景色较为复杂，有草原、沙漠、盐湖、沼泽。其中沙漠仅限于中部及东部，即玛纳斯河以东，统称为古尔班通古特沙漠，这里气候干燥，沙丘比较小，高度也较低。玛纳斯河以西，降水量较多，大部分为草原和沼泽地带。盆地西部有高达2000米的山岭，但是有几个缺口，冬季西北风能从缺口吹入盆地内，因而气候寒冷。

准噶尔盆地

图说

准噶尔盆地（"噶"音为 gá），位于中国新疆北部，是中国第二大内陆盆地。准噶尔盆地位于阿尔泰山与天山之间。盆地呈不规则三角形，地势向西倾斜，北部略高于南部，北部的乌伦古湖（布伦托海）湖面高程479.1米，中部的玛纳斯湖湖面高程270米，西南部的艾比湖湖面高程189米，是盆地最低点。西风气流由缺口进入，为盆地及周围山地带来降水。

准噶尔盆地有着丰富的石油、煤和各种金属矿藏资源。盆地西部的克拉玛依是中国较大的油田之一。北部阿尔泰山区自古以来以盛产黄金著名。准噶尔盆地的绿洲较少，主要分布在天山北侧；盆地东缘因没有高大山脉为绿洲的发育提供水源，所以基本上没有什么绿洲。

柴达木盆地

柴达木盆地位于青藏高原的东北部，周围有昆仑山、祁连山等山脉。盆地底部海拔在2700～3000米，是中国地势最高的内陆大盆地。盆地内部蕴藏盐、硼、钾、镁、锂、铷、溴、碘、锶、铯、石膏、芒硝、天然碱等自然资源，食盐储量达600多亿吨。盆地铅、锌、铬、锰等金属及煤炭、石油、石棉等资源也非常丰富。东部和东南部为河湖冲积平原，宜农地面积大，农业高产，畜牧业发达，素有聚宝盆之称。

柴达木盆地是青藏高原上陷落最深的一个巨大盆地，略呈一不等边的三角形。位于青海省阿尔金山、祁连山、昆仑山之间，东西长800公里，南北最宽处350公里，面积约22万平方公里，由许多小型的山间盆地所组成。盆地西高东低，海拔2500～3000米，比塔里木盆地高2～3倍，是一个高原型盆地。从盆地边缘至中心依次为戈壁、丘陵、平原、湖泊。

"柴达木"蒙古语即"盐泽"的意思。2亿～3亿年前，这里还是一个大湖，后来盆地西部上升，湖面逐渐缩小，留下5000多个咸水湖。位于盆地中央的察尔汗盐池是中国最大的盐湖，面积约1600平方公里，储盐量达250亿吨，可供全国人民食用8000年之久。盐湖表面结成大面积坚硬深厚的盐盖，最厚处可达15米。贯穿盆地南北的公路，有31公里长的路面就是建筑在察尔汗盐湖的盐盖上，甚至连格尔木机场起降飞机的跑道都建在这里；这里的不少房屋也是用盐块砌成的。盆地上还有五光十色的盐结晶，其中水晶盐块可以雕刻成各种工艺品。柴达木不仅是盐的世界，而且还具有丰富的石油、石棉以及各种金属矿藏，被人们誉为"聚宝盆"。如今，这个沉睡千年的"聚宝盆"，正在建设成为中国西北的重要工业基地之一，其东部和东南部已成为新垦农业区。

四川盆地

　　四川盆地位于四川省东部，在巫山、大巴山等山脉的包围之中，地形封闭。盆地底部海拔400~800米，盆地西北部为成都平原。盆地内的岩石、土壤呈紫红色，有"紫色盆地""红色盆地"之称。

　　四川盆地与上述3个盆地的自然景色迥然不同，这里江水滔滔终年不息，葱郁的山林、翠碧的田野衬托着紫红色的土壤，红绿相映成趣，使这个被誉为"天府之国"的盆地显得分外妖娆。

　　四川盆地属丘陵状盆地，面积约20万平方公里，不但形式完整，而且是一个标准的构造盆地。四周邛崃山、龙门山、大巴山、巫山及大娄山环绕，海拔1000~3000米，多紫红色砂页岩。大约距今1.35亿年前，四川盆地还是一个内陆大湖。后因地壳运动，周围上升为山地，东缘的巫山地形较低，湖水从巫山溢出，湖底逐渐干涸成为盆地。在地壳水平运动的作用下，盆地山脉都呈西南—东北方向排列，以川东一带地势最高，华蓥山最高峰海拔约1800米，成为盆地中的最高点。盆地中部丘陵和缓起伏，面积几乎占盆地一半以上，形成一个丘陵性盆地。

四川盆地

图说

　　四川盆地是中国四大盆地之一，位于亚洲大陆中南部，中国腹心地带和中国大西部东缘中段。四川盆地囊括四川省中东部和重庆大部，又称信封盆地、紫色盆地，总面积约26万平方公里，由青藏高原、大巴山、巫山、大娄山、云贵高原环绕而成，周围山地海拔多在1000~3000米之间，面积约为10万平方公里，中间盆底地势低矮，海拔400~800米，因此可明显分为边缘山地和盆底部两大部分。四川盆地底自西向东分为成都平原、川中丘陵和川东平行岭谷。

"兴安"之岭

大兴安岭

　　大兴安岭是兴安岭的西部组成部分，位于我国黑龙江省、内蒙古自治区东北部，是内蒙古高原与松辽平原的分水岭。

　　大兴安岭北起黑龙江畔，南至西拉木伦河上游谷地，东北—西南走向，全长1200多公里，宽200～300公里，海拔1100~1400米，主峰索岳尔济山。大兴安岭原始森林茂密，是中国重要的林业基地之一。主要树木有兴安落叶松、樟子松、红皮云杉、白桦、蒙古栎、山杨等。

大兴安岭古称"大鲜卑山"，是北魏鲜卑族人的发祥地。鲜卑人在这片历史上被称为"大鲜卑山"的地方生活了70多代。公元16世纪末，满族兴起，此地隶属瑷珲副都统管辖，这里的各族人民配合清朝官兵同沙俄入侵者进行了雅克萨之战；清光绪年间，大兴安岭采金业崛起，年产黄金最高达10万两，古驿路由此命名为"黄金之路"。抗日战争时期，东北抗日联军转战兴安千里林海，保卫了祖国边疆的领土。

大兴安岭嘎仙洞

传说在很久很久以前，嘎仙洞一带还是一片茂密的原始森林。每当春天来到这里，这里便会开满野花，一片大好春光；每当夏天来到这里，这里便会苍松蔽日，一派生机盎然；每当秋天来到这里，这里便会野果满山，一片秋色金黄；每当冬天来到这里，这里便会白雪皑皑，一派素裹银装。这里不仅山清水美，而且还有很多凶猛的野兽，世世代代以狩猎为生的鄂伦春人在这片土地上过着幸福而和平的生活。

可是有一天一个身高体大、面目狰狞的名叫"满盖"的怪物闯进了这里。它就住在山腰间的一个山洞里，只要发现有猎人进入森林，它就张开血盆大口将猎人吃掉。为了除掉这个吃人的恶魔"满盖"，勇敢的鄂伦春猎人们多次上山去和它打斗，但都以失败告终。

　　鄂伦春猎人们没有丧失斗志，也没有丧失信心，一直和恶魔"满盖"斗争了很多年。鄂伦春猎人们不屈不挠的斗争精神和一致对敌的团结精神终于感动了天上的嘎仙，他要到人间来帮助鄂伦春的猎人们。

　　嘎仙找到"满盖"与之比武，并提出如果"满盖"输了就应永远离开这里的要求，"满盖"满不在乎地随口答应

嘎仙洞

图说

　　嘎仙洞是一个天然山洞，位于内蒙古自治区鄂伦春自治旗阿里河镇西北10公里嘎仙洞森林公园内，大兴安岭北段顶峰东端，嫩江支流甘河北岸噶珊山半山腰花岗岩峭壁上。其地峰峦层叠，树木参天，松桦蔽日。洞在峭壁之上，高出平地约5米，洞口西南向，南北长90多米，东西宽27米许，高20余米，是古代鲜卑族人的发源地。洞内堆积有较丰富的文化层，对于研究拓跋鲜卑的早期历史，具有重要科学价值，为全国重点文物保护单位。

了。他们先比投石，谁投得远谁就胜利。他们就用挡洞门的巨石来投，"满盖"先来，它用尽浑身的气力，只把巨石投到了甘河的边上。轮到嘎仙了，只见他用右手托起巨石，奋力一投，巨石就越过甘河，稳稳地落到了对岸的一座山上。

"满盖"耍赖不认输，提出要比试射箭，就射刚投过河去的那块巨石，射得准者胜，勇敢的嘎仙答应了。射箭还是"满盖"先来，只见它搭箭拉弓瞄了又瞄，射出去的箭擦巨石的边缘而过，只崩下几块小石头，滚到了山下。这时嘎仙充满了自信和勇气，他搭上了箭，拉圆了弓，射出去的箭正中巨石的中心，并将巨石的中心穿出了一个车轮般大的窟窿。这回恶魔真的害怕了，它只好服输逃之夭夭了。从此，鄂伦春的猎人们又重新开始了在大兴安岭崇山密林中的幸福生活。

为了纪念替鄂伦春猎人们除掉恶魔的英雄嘎仙，人们把恶魔住过的山洞改名叫作嘎仙洞，把洞前的那条小河叫作嘎仙河，把大石头上留有窟窿的那座山取名为窟窿山（窟窿山在甘河的南岸，去嘎仙洞的路上，人们便可望见，山尖上的那块带有窟窿的巨石还立在那里）。

北极光的传说

传说在很久以前，大兴安岭和外兴安岭之间的水域是白龙的天地，它作孽多端，经常发洪水淹毁良田，使得辛辛苦苦的农民几乎年年颗粒无收；它在江里兴风作浪，耀武扬威，撕碎渔民的渔网，掀翻船只；它施展魔法，打着炸雷，抛下如鸡蛋鹅蛋大的冰雹，砸毁庄稼，砸漏房屋，砸死禽畜，有时还伤人。

极光

图说

　　极光，是一种绚丽多彩的发光现象，其发生是由于太阳带电粒子流（太阳风）进入地球磁场，在地球南北两极附近地区的高空，夜间出现的灿烂美丽的光辉。在南极被称为南极光，在北极被称为北极光。地球的极光是来自地球磁层或太阳的高能带电粒子流（太阳风）使高层大气分子或原子激发（或电离）而产生的。

　　极光常常出现于纬度靠近地磁极地区的上空，一般呈带状、弧状、幕状、放射状，这些形状有时稳定有时作连续性变化。极光产生的条件有三个：大气、磁场、高能带电粒子，这三者缺一不可。

　　从白龙领域巡逻回来的鳇鱼将军向龙王禀报："白龙在他管辖的水域不守龙宫法规，坑害黎民百姓，不可容忍，请大王以法惩处。"老龙王听了禀报后，怒不可遏，

延伸思考

大兴安岭位于黑龙江省,那你知道黑龙江的来历吗?

延伸思考

大兴安岭历史上曾发生过罕见的特大森林火灾,造成了非常大的损失。保护大自然是我们每个人义不容辞的责任,同学们知道如何才能预防森林火灾吗?

要撤白龙的职,治白龙的罪,就派小黑龙前去接替白龙。

小黑龙接受委派前去赴任,哪料到,白龙拒不认罪,也不服从调遣。于是,黑龙与白龙势不两立,在一个黑夜展开了一场你死我活的决战。这一仗打得十分激烈,黑白二龙从空中打到江底,又从江底打到空中,云间爪舞鳞飞,撕拼追杀,响声如雷。小黑龙越战越勇,连连攻击。它看准白龙的中腰,把全身法力集中到尾部,猛地一甩尾巴,只听惊天动地的啪的一声巨响,一道闪电的光芒出现在天幕。这道光芒变换着色彩和形状,经久不散,白龙腰部被这光芒击中受了重伤,狂嚎一声,败下阵去,朝西北方向逃跑。小黑龙从此就在这条江域安了家。

人们现在能看见的北极光,就是小黑龙战白龙甩尾击打时发出的光芒。因为二龙交战正值夏至时节,所以现在北极光都是在夏至前后出现。

🔗 诗文链接

大兴安岭二首

现代·老舍

其一

蝉声不到兴安岭,云冷风清暑自收。

高岭苍茫低岭翠,幼林明媚母林幽。

其二

黄金季节千山雪,碧玉溪潭五月秋,

消息松涛人语里,良材广厦遍神州。

柔情苍山

苍山

　　在古神话中，苍山为苍龙所化。据说，玉帝让苍龙主管大理地区的风雨，它却贪玩无度，人需要雨时天却大旱，种下的庄稼被烈日烧焦；不需要雨的时候又大雨瓢泼，坝子里洪水泛滥，淹没村庄田野。百姓生计维艰，怨声载道。玉帝多次对苍龙发出警告，要它改恶从善，但苍

苍山玉带云

图说

苍山是云岭山脉南端的主峰，由十九座山峰由北而南组成，北起洱源邓川，南至下关天生桥。苍山十九峰，巍峨雄壮，与秀丽的洱海风光形成强烈对照。

苍山风景区位于苍南县治西北20公里，南北越8公里，东南跨9公里，总面积74平方公里，景区规划面积23.5平方公里，由中心景区、东景区、南景区、西景区和北景区五大部分组成，共108个景点，风景独特秀丽，自然景观众多。

龙对玉帝的警告置若罔闻，仍然我行我素，每天四处游荡，不管民间疾苦。玉帝盛怒之下，罚苍龙降世，化为点苍山。苍龙从天空被打入大理，头朝北，尾在南，头为龙首关（上关），尾成龙尾关（下关）；肋骨化成了苍山十九峰，肋间变成了苍山十八溪。

苍山玉带云变幻莫测，忽而变为万朵雪莲，齐整整地盛开在苍山上；忽而又像柳絮梨花，轻盈地漫山飞散着，从小到大，从浓到淡，直到消失得无影无踪。勤劳的白族人民从玉带云的神奇变幻中悟出了许多气象常识，它出现次数越多，就表示当年能够风调雨顺、五谷丰登，"苍山系玉带，饿狗吃白米"的谚语就是其写照。关于玉带云，还有许多优美动人的神话故事。

延伸思考

你知道苍山十九峰都叫什么名字吗？

其中最美的传说是，王母娘娘身边有位做纺织的仙女，飞出天宫来欣赏这里迷人的景色，并和白族采石青年结为夫妻。仙女点石成玉，便有了苍山丰富多彩的大理石。王母娘娘得知消息后，派人把仙女召回天宫。白族青年舍不得妻子，紧紧拉住她的五彩玉带。仙女越飞越高，玉带也越拉越长。飞到了苍山顶上，仙女解下玉带，留给丈夫作纪念，便形成了苍山玉带云。

苍山望夫云

望夫云曲折动人的传说，在大理几乎是家喻户晓。冬天，在万里无云的大晴天，会忽然在苍山的玉局峰上，出现一朵亮如银、白似雪的云彩。它洁净而奇丽，柔美而轻盈，在深邃的蓝天上十分醒目。

突然间，它却由白逐渐变黑，越升越高，身影也愈拉愈长，形如一个身材窈窕的女人，披头散发，罩着一件黑色丧衣，好像在俯视着茫茫洱海大哭大喊。这，就是传说中的望夫云。

当望夫云出现时，即使是再好的天气，顷刻间就会狂风大作，波浪滔天。

望夫云

🔆 延伸思考

你知道苍山十八溪都有哪些吗？

望夫云，传说是南诏阿凤公主的化身，她与苍山上的一个年轻猎人相爱，因父王反对，请来罗荃法师将苍山猎人害死，打入海底变为石螺，公主因此而愤郁死于苍山玉局峰上。公主的精气便化为一朵白云，怒而生风，要把洱海的水吹开和情人相见。于是，后人便把这朵云彩称为望夫云。

望夫云消散后，洱海又风平浪静。据说，这是阿凤公主已见到海底石螺——苍山猎人。另一种情况则是狂风大作之时，苍山顶上乱云飞渡，涌出了更多的乌云与望夫云融为一体。于是，风雨交加，电闪雷鸣，这种现象要延续很长时间才会停止。有人说，这是因为阿凤公主一直未见到海底石螺而愤怒不止。

苍山"蝴蝶泉"

蝴蝶泉又叫无底潭。古时候，苍山云弄峰下有个叫羊角村的地方，住着一位如花似玉、心灵手巧的姑娘雯姑。

她的勤劳和美丽使小伙子们做梦都想得到她纯真的爱。云弄峰上有个英俊的白族年轻樵夫名叫霞郎，不仅武艺高强，而且为人善良。有一年，雯姑与霞郎在三月三的朝山会上相逢，一见钟情，互订终身。

苍山下住着一个凶恶残暴的俞王，他得知雯姑美貌无比，打定主意要雯姑做他的第八个妃子。于是派人把雯姑

蝴蝶泉

图说

蝴蝶泉，坐落在大理点苍山云弄峰下。它像一颗透明的宝石，镶嵌在绿荫之中，以它特有的奇观，吸引着中外游客。

自古以来，有不少文人学士到此考察游览，并写下了许多重要的诗文。明代有名的地理学家徐霞客，曾在游记中热情称颂蝴蝶泉，他写道："泉上大树，当四月初，即发花如蛱蝶，须翅栩然，与生蝶无异。又有真蝶千万，连须钩足，自树巅倒悬而下，及于泉面，缤纷络绎，五色焕然。游人俱以此月群而观之，过五月乃已。"清代诗人沙琛，在《上关蝴蝶泉》诗中赞道："迷离蝶树千蝴蝶，衔尾如缨拂翠湉。不到蝶泉谁肯信，幢影幡盖蝶庄严。"

抢入宫中。霞郎知道后，冒着生命危险，潜入宫内救出了雯姑。俞王发觉后，立即带兵穷追。他俩跑到无底潭边时，已精疲力竭，带着刀枪火把的追兵已到眼前，危急中两人双双跳入无底潭中。

次日，打捞霞郎和雯姑的乡亲们没有找到两人的尸体，却看见从深潭中翻起的一个巨大气泡内飞出了一对色彩斑斓、鲜艳美丽的蝴蝶。彩蝶在水面上形影不离，蹁跹起舞，引来了四面八方的无数蝴蝶，在水潭上空嬉戏盘旋。从此，人们便把无底潭称为蝴蝶泉。

那一天是农历四月十五日。从此，每年的这一天，无数美丽的蝴蝶就会聚集在这里，讲述这动人的爱情故事。这就是有名的"蝴蝶会"。

蝴蝶泉，泉水清澈如镜。传说每年到蝴蝶会时，成千上万的蝴蝶从四面八方飞来，在泉边漫天飞舞。蝴蝶有的大如巴掌，有的小若铜钱。无数蝴蝶还钩足连须，首尾相衔，一串串地从大合欢树上垂挂至水面。五彩斑斓，蔚为奇观。

诗文链接

忆秦娥·娄山关

当代·毛泽东

西风烈，长空雁叫霜晨月。

霜晨月，马蹄声碎，喇叭声咽。

雄关漫道真如铁，而今迈步从头越。

从头越，苍山如海，残阳如血。

雪满太行山

太行山

　　大家一定都听说过"精卫填海""女娲补天""羿射九日""神农尝百草"等神话故事，我们知道这些出自《山海经》《淮南子》等典籍中。然而，你知道这些神话传说均出自于太行山上的长治一带吗？

太行山，又名五行山、王母山、女娲山，是中国东部地区的重要山脉和地理分界线。

愚公移山

太行、王屋两座山，方圆七百里，高七八千丈，本来在冀州南边，黄河北岸的北边。

延伸思考

你知道《山海经》里都有哪些传说故事吗？

北山下面有个名叫愚公的人，年纪快到九十岁了，在山的正对面居住。他苦于山区北部的阻塞，出来进去都要绕道，就召集全家人商量说："我跟你们尽力挖平险峻的大山，使道路一直通到豫州南部，到达汉水南岸，好吗？"大家纷纷表示赞同。他的妻子提出疑问说："凭你的力气，连魁父这座小山都不能削平，能把太行、王屋怎么样呢？再说，往哪儿搁挖下来的土和石头？"众人说："把它扔到渤海的边上，隐土的北边。"于是愚公率领儿孙中能挑担子的三个人上了山，凿石头，挖土，用箕畚运到渤海边上。邻居京城氏孤儿寡母，孩子刚七八岁，也蹦蹦跳跳地去帮助他。冬夏换季，才能往返一次。

愚公移山

　　河湾上的智叟讥笑愚公，阻止他干这件事，说："你简直太愚蠢了！就凭你残余的岁月、剩下的力气，连山上的一棵草都动不了，又能把泥土石头怎么样呢？"北山愚公长叹说："你的心真顽固，顽固得没法开窍，连孤儿寡妇都比不上。即使我死了，还有儿子在呀；儿子又生孙子，孙子又生儿子；儿子又有儿子，儿子又有孙子；子子孙孙无穷无尽，可是山却不会增高加大，还怕挖不平吗？"河曲智叟无话可答。

　　握着蛇的山神听说了这件事，怕他没完没了地挖下去，向天帝报告了。天帝被愚公的诚心感动，命令大力神夸娥氏的两个儿子背走了那两座山，一座放在朔方的东部，一座放在雍州的南部。从这时开始，冀州的南部直到汉水南岸，再也没有高山阻隔了。

太行山天河山景区

　　天河山位于河北省邢台市，是中国爱情山，中国七夕文化之乡，牛郎织女传说的原生地。天河山是国家AAAA级景区、国家重点风景名胜区、国家地质公园，风景区屹立在晋冀交界处的太行山上，总面积30平方公里。

　　天河山距邢台市区50公里，远离都市喧嚣，这里奇峰林立，峡谷幽峻，植被丰茂，林木葱郁；群瀑飞雪，清泉鸣筝，水源丰沛，是著名的"太行水乡"；松涛阵阵，牛羊成群，又称"云顶草原"。天河山一带广泛流传着牛郎织女的故事，并拥有大量的文化遗存。经多位专家考证，这里就是牛郎织女故事的原生地。2005年，天河山在国家工商总局注册为"中国爱情山"。2006年，天河山被中国民俗学会命名为"七夕"文化研究基地，被中国民间文艺家协会命名为"中国七夕文化之乡"。

太行山天河景区

图说

太行山（北纬34°34′~40°43′、东经110°14′~114°33′）位于山西省与华北平原之间，纵跨北京、河北、山西、河南4省市，山脉北起北京市西山，向南延伸至河南与山西交界地区的王屋山，西接山西高原，东临华北平原，呈东北—西南走向，绵延400余公里。它是中国地形第二阶梯的东缘，也是黄土高原的东部界线。

宋太祖送京娘

　　据史料记载，赵匡胤千里送京娘的故事便发生在这里，京娘湖便是因宋太祖送京娘的故事而得此名。

　　一日，赵匡胤在前往山西太原途中的一个道观中，偶然看见大殿中关着一个弱女子。一打听，得知这个姑娘名叫赵京娘，在跟随父亲回家乡的途中被强盗抢到这里，他

图说

　　赵匡胤（927—976），字元朗，小名香孩儿、赵九重，涿郡（今河北省涿州市）人，生于洛阳夹马营（今河南洛阳瀍河区东关）。五代至北宋初年军事家、武术家，宋朝开国皇帝。护圣都指挥使赵弘殷（宋宣祖）之子，母为杜氏（昭宪太后）。

　　赵匡胤于后汉隐帝时投奔郭威。后周建立后，赵匡胤始入军旅，受周世宗柴荣器重，于征伐南唐时屡建战功。柴荣病重时，任命赵匡胤为殿前都点检，掌管殿前禁军。周恭帝即位后不久，赵匡胤受命抵御北汉及契丹联军。旋即在"陈桥兵变"中被拥立为帝。大军回京后，恭帝被迫禅位，赵匡胤登基，改元建隆，国号"宋"，史称"宋朝""北宋"。

赵匡胤

京娘湖

图说

京娘湖位于河北省邯郸市武安市西北部山区的口上村北,亦称口上水库,京娘湖有"太行三峡"之称。距武安城30公里,距邯郸约60公里,位居太行山脉腹地。湖面呈倒"人"字形,分东西两支,长短各3公里。这里山水环绕,群峰竞秀,层峦叠嶂,川谷深幽,赤壁丹崖,色彩斑斓,林木茂盛,波光粼粼,风景秀美,造化神奇。现已凭借其中山川水色开辟成为旅游风景区和避暑胜地。

顿时生出侠义心肠,毅然决定以兄妹相待,要跨山渡河千里迢迢护送京娘回家。途中虽遭到抢夺京娘的那伙强盗连环袭击,但都被赵匡胤一一击退。加之路途中赵匡胤对京娘体贴关怀，所以在途经湖北武安门道川时，京娘向赵匡胤诉说爱慕之情，但赵匡胤觉得他救京娘是义举，不能有私心杂念，否则便和抢京娘的强盗没有区别，是乘人之危的勾当。所以胸怀大志、侠肝义胆的赵匡胤，便婉言回绝，仍坚守兄妹之礼。

等到送京娘安全到家之后，京娘父母感动之情又溢于言表，看着眼前失而复得的女儿，也欣然提出将京娘许配给赵匡胤。赵匡胤再三考虑后又做了婉言谢绝。其中有两个难言之隐。第一还是路途中他婉拒京娘的想法，如果答应，他千里送京娘的行为必然会蒙上不义之名。第二是自己壮志未酬，即使要娶京娘为妻，也要等来日有所建树后再接京娘花好月圆。之后，便与京娘在互怀爱慕之心，但自己又不能言表的难舍难分中离去。

时光如梭，霞起霞落；群雄争霸，天降重任。

赵匡胤终于当上皇帝了。

某一天，赵匡胤怀着急切心情，又从当年送京娘回家的这个秦晋渡口过黄河，再到山西探望长久思念的京娘，欲接京娘进京封为皇妃。但没想到，此时的京娘因为和他别离后，日日盼望他早日再归，但盼望却在一天、一月、一年的反复中变成失望，失望又变成了绝望。也终于在某一天实在撑不下去削发为尼了。所以，当赵匡胤急匆匆过秦晋渡口再站到她面前时，已是她孤灯清影多年以后的事。为此她背朝匡胤，眼泪虽然已干，但心底却在汩汩流血：

怪匡胤兮，姗姗来迟；恨自己兮，佳缘薄命；怨苍天兮，一场捉弄！暗自叹，今生不能补报大德，死当衔环结草。

此刻不解京娘心底苦衷的赵匡胤，虽再三解释与劝说，但都未能融化京娘四大皆空的冰冷之心，一国之君的赵匡胤也只得作罢。

至此，本该是一场旷世奇缘的美好爱情，竟然留下千古遗恨了。

之后，赵匡胤怀着难以形容的心情，步如灌铅似地告别了心爱的京娘，返回再经过秦晋渡口时，不由得思绪万千。这个曾经见证过他和京娘互生爱意的官渡依然，但京娘却在木鱼声声中隔绝了他和滚滚红尘，真是江山与美人不可同得啊。为了永远想念京娘，便将此渡口以自己和京娘的姓氏赐名"赵渡"。

从此"赵渡"和"千里送京娘"的佳话，便一代一代流传下来了。

成语

生当陨首，死当结草

"生当陨首"，是说自己活着当以牺牲生命为国效力；"死当结草"，是讲自己死了也会像结草老人那样报答圣恩。

诗文链接

行路难
唐·李白

金尊清酒斗十千，玉盘珍羞直万钱。
停杯投箸不能食，拔剑四顾心茫然。
欲渡黄河冰塞川，将登太行雪满山。
闲来垂钓碧溪上，忽复乘舟梦日边。
行路难，行路难，多岐路，今安在？
长风破浪会有时，直挂云帆济沧海。

桂林山水甲天下，
不如武夷一小丘

武夷山

武夷山位于江西与福建两省交界处，武夷山脉北段东南麓总面积999.75平方千米，是中国著名的风景旅游区和避暑胜地。属典型的丹霞地貌，是首批国家级重点风景名胜区之一。

武夷山是三教名山。自秦汉以来，武夷山就为羽流禅家栖息之地，留下了不少宫观、道院和庵堂故址。武夷山还曾是儒家学者倡道讲学之地。

武夷山自然保护区具有地球同纬度地区保护最好、生物物种最丰富的生态系统。

大王峰与玉女峰

武夷山二曲溪南，大王峰独耸山头，雄姿巍巍；玉女峰伫立水畔，秀色亭亭，石崖苍苍的铁板嶂横亘其间。

大王峰和玉女峰

传说很久很久以前，武夷山是一个洪水泛滥、野兽出没的地方。洪水一来，百姓们就躲到山上，靠吃野菜山果充饥。

一年春天，气候反常得厉害，连着几天狂风呼啸，雷雨交加，天空似乎裂开了口子，大雨瓢泼不止。令人毛骨悚然的山洪又暴发啦！洪水咆哮而来，卷走房屋，冲毁农田，男女老少乱作一团，纷纷逃命，有的爬上大树，有的登上高岩，来不及跑的，就被洪水卷走了。

在逃命的人群中，有一位英俊的后生叫彭武。他在经历了无数次洪灾的磨难后，深深地感到，像这样逃来跑去绝不是个办法，只有彻底治理山河，才能解除百姓的苦难。他把自己的想法告诉了乡亲们，得到了大家的一致支持。

于是，彭武领着乡亲们劈山凿石，削岭填沟，没日没夜地干呀，干呀！风吹来，雨打去，彭武眉不皱手不停；雷劈来，电闪过，彭武心不寒胆更壮。

年复一年，日复一日。山上的花儿谢了又开，树上的叶子落了又长，南飞的大雁，飞去又飞回。

彭武和乡亲们开了一渠又一渠，手上磨出了厚厚的老茧，汗水汇成了淙淙的溪流，终于绕过了九曲十八弯，开出了一条蜿蜒的九曲溪。

从此，武夷山再也没有爆发过山洪，满目荒凉的武夷山也变成了群峰争奇、百花吐艳、茶果飘香的人间仙境。人们用不着再辗转漂泊，过上了幸福的生活，彭武也被乡亲们尊称为大王。

再说，那云海深处的天宫里，玉帝的女儿玉女正倚窗对着心爱的鹦鹉哀叹天宫的凄冷寂寞；忽然，阵阵歌声卷

着茶香飘上天宫，巧嘴的鹦鹉立刻学唱起来："清清九曲茶香飘，三十六峰奇峻峭，莫道天宫花月美，更有武夷风光妙。"

玉女听罢，愁眉舒展，心花怒放。她拨开云雾往下一看，幽涧深谷茶青青，银锄飞舞歌满坡，山里人家，男耕女织，恩恩爱爱其乐融融，简直是人间仙境！玉女被这美景深深吸引，私自跑下凡间。

玉女来到人间，变成了一个美丽的村姑。在九曲溪边与正在种茶的彭武不期而遇。他们一见钟情，相互爱慕。大王请玉女留下，玉女也不愿再回天庭。

山中有一个名叫铁板鬼的道士，总是心怀鬼胎、阴冷无情，却一心想成仙，他知道这件事情后，报告到天庭向玉帝邀功。玉帝闻讯大怒，命玉女立即返回，玉女宁死不从。玉帝十分生气，一道霹雳，把玉女与大王化为两座山峰，分隔两岸，同时把铁板鬼也点化为高大的岩石横亘在他们中间，让他们永世不得相见，这就是现在的大王峰和玉女峰。

🔍 **成语**

披荆斩棘

劈开丛生多刺的野生植物。比喻在创业过程中或前进道路上清除障碍，克服重重困难。

岩骨花香武夷茶

传说，古时有一穷秀才上京赶考，路过武夷山时，病倒在路上，幸好被天心庙里的老方丈看见，泡了一碗茶给他喝，之后病就好了，后来秀才金榜题名，中了状元，还被招为驸马。

大红袍茶区

图说

　　武夷岩茶是中国传统名茶，是具有岩韵品质特征的乌龙茶，产于福建闽北"秀甲东南"的武夷山一带，茶树生长在岩缝之中。武夷岩茶具有绿茶之清香，红茶之甘醇，是中国乌龙茶中的极品。最著名的武夷岩茶是大红袍。

　　武夷山大红袍为武夷岩茶四大名枞之首，素有"茶中之王"的美誉，具有显著的健胃养胃药理作用。大红袍最大的特点就是性质温和，适合四季饮用，肠胃不好和寒气重的人都可饮用。此外，还有防辐射和防日晒的作用。

一个春日，状元来到武夷山谢恩，在老方丈的陪同下，到了九龙窠，看见峭壁上长着三株高大的茶树，枝叶繁茂，吐着一簇簇嫩芽，在阳光下闪着紫红色的光泽。老方丈说，你的病，就是用这种茶叶泡茶治好的。

众人来到茶树下焚香礼拜，齐声高喊"茶发芽！"然后采下芽叶，精工制作，装入锡盒。状元带了此茶进京后，正遇皇后肚疼鼓胀，卧床不起，他立即献茶让皇后服下，果然茶到病除。皇上大喜，将一件大红袍交给状元，让他代表自己去武夷山封赏。

延伸思考

历史上谁被称为"茶圣"？

一路上礼炮轰响，火烛通明，到了九龙窠，状元让一樵夫爬上半山腰，将皇上赐的大红袍披在茶树上，以示皇恩。说也奇怪，等掀开大红袍时，三株茶树的芽叶在阳光下闪出红光，众人说这是大红袍染红的。

后来，人们就把这三株茶树叫做"大红袍"了。有人还在石壁上刻了"大红袍"三个大字。从此大红袍就成了年年岁岁的贡茶。

🔗 **诗文链接**

武夷山

唐·李商隐

只得流霞酒一杯，空中箫鼓几时回。
武夷洞里生毛竹，老尽曾孙更不来。

阿里山风情

阿里山日出云海

　　阿里山的日出闻名中外，多年来，为数众多的游客，不辞早起，摸黑上路，只为等待光芒乍现与太阳蹦出的顷刻喜悦；"阿里山云海"为台湾八景之一，其云层翻腾，波诡涛谲，极具神秘快感，在气候干冷的秋冬晨昏，最易见著；而观赏的最佳地点为神木站之前的"二万坪"，以及阿里山上的慈云寺、阿里山宾馆、祝山附近。

阿里山的来历

相传，从前因为阿里山全山上下不长一棵树、一根草、一朵花，所以它又叫秃山。那么，这座秃山是怎样有了树木和花草的呢？又为什么改名叫阿里山呢？当地有这样一个传说。

很久以前，在这座秃山北面的一个沟岔上，住着一个以打猎为生的小伙子，名叫阿里。有一天，阿里到北山坡上去打猎，突然，看见山下有一只猛虎正在追赶两个姑娘。阿里急忙从山坡上跑下来，一下跳到老虎的背上，手起刀落，只听"咔嚓"一声，老虎脑袋被砍落在地，顺着山坡滚了下去。两个姑娘得救了。

他刚要回北山坡上打猎，又见从天上落下来一个手持龙头拐杖的白胡子老头，老头一边笑，一边拽着两个姑娘的胳膊往南山坡上拉。阿里是个见义勇为的好小伙，他见这两个姑娘刚脱离虎口，又遭到这坏老头子的耍戏，心中燃起阵阵怒火。他大喝一声："住手！"便一个箭步冲到那个坏老头的面前，夺下他的龙头拐杖，狠狠地照着老头的前额打了一下。那老头痛得大喊一声，放开那两个姑娘，再看他的前额起了一个很大的疙瘩。他一甩袖子，向空中飞去，一转眼就不见了。

没过多久，晴天响起了雷声，那雷声由远而近，越来越大，只见那两个姑娘吓得浑身乱颤，她们焦急地说：

"这下可糟了，这下糟了！"

阿里奇怪地问："这是怎么回事？"

两个姑娘说："我俩本是天宫里的仙女，听说台湾岛景色宜人，就偷偷来到这里。不想，遇见了恶虎，多亏你救了我俩的性命。谁知，由于贪恋这里的美景，误了回去的时辰。玉帝派老寿星下来捉拿我俩回天宫治罪。我们惧

阿里山风景

图 说

　　阿里山，我国台湾省著名的旅游风景区，由十八座高山组成，属于玉山山脉的支脉，阿里山的日出、云海、晚霞、森林与高山铁路，合称阿里山五奇。

　　阿里山位于台湾省嘉义市东方75公里，海拔高度为2216米，坐标为北纬23度31分，东经120度48分，东面靠近台湾最高峰玉山。由于山区气候温和，盛夏时依然清爽宜人，加上林木葱翠，是全台湾最理想的避暑胜地。

怕玉帝的刑法，不愿意回天宫。正在老寿星拉我们的时候，你却跑过来把他打跑了。他把这件事告诉了玉帝，玉帝震怒，下令让雷神用雷火将这一带的生灵全部烧死。"

阿里听她俩这么一说，大吃一惊，没想到自己做好事反而给这一带的生灵带来了大灾难，于是焦急地说："难道就没有什么办法，搭救这一带的生灵吗？"

两个仙女说："有倒是有，不过要有一个肯于牺牲自己性命的人，跑到南面那座秃山顶上，把雷火引开，使雷火不能蔓延。阿哥你赶紧躲到安全的地方去，我俩这就到秃山顶上去引雷火。"

阿里摇着头说："不，老寿星是我打的，祸是我惹的，怎么能让你们去呢？还是让我去引雷火吧！"说罢，他就拿起那根龙头拐杖，急忙向南边的那座秃山上跑去。不大一会儿，他就登上了秃山的山顶。他仰起头来，朝着天空高声喊道："雷神！老寿星是我阿里打的，那两个仙女是我阿里放的，祸是我阿里惹的，这一切都是我一手造成的，与他人毫无关系！你那雷火，朝我阿里身上击吧！"

这时，雷神正好来到秃山上空。他举起雷钻和闪锤，只听"轰隆"一声响，一个沉雷，一下子把阿里的身体击个粉碎，雷火在秃山顶上燃烧起来。雷神见火着起来了，就转身到天宫交差去了。因为这座山上光秃秃的，没有树木和花草，雷火还没燃烧到半山腰，就自己熄灭了。

阿里虽然被雷火击死了，但他死后不久，这座秃山的漫山遍野却长出了一片片的树木。从此以后，这座一无所有的秃山有了漫山遍野的树木和花草，树木郁郁葱葱，花草飘香。人们为了纪念这个舍己为人的好后生，就把这座山改名叫阿里山。

阿里山杀人祭神传说

吴凤，五岁随父到台湾。吴凤跟父亲学习医术，十多岁就经常随父亲到阿里山为山民治病，颇受阿里山乡民的敬重。

康熙年间，吴凤出任阿里山通事。为了当地高山族和汉族友好相处，吴凤做了许多感化和沟通的工作，使各民族间的交往日渐频繁。但有一事，始终是吴凤的一块心病。原来，高山族同胞每逢稻谷收获季节，必定要举行"粟祭"的仪式。在这个仪式中有一个传统的恐怖陋习，要下山杀害异族人，这种活动被叫做"出草"。然后把"出草"猎取的头颅作为"粟祭"的祭品摆上供桌。

吴凤知道，这是山民愚昧无知造成的，对这样的恶习，一定要采取措施革除掉。于是，吴凤终于借酋长等人

延伸思考

你知道通事是负责哪些工作的吗?

图说

吴凤（1699—1769），字符辉，平和县壶嗣村人。五岁随父吴珠、母蔡氏渡台，居诸罗大目根堡鹿麻庄（今嘉义县中埔乡）。

吴凤

喝醉的时机，说服酋长用康熙六十年平定朱一贵之乱时，当地砍杀造反者的40多个骷髅作祭品，一年用一个。山民们听从了吴凤的劝告，从此阿里山停止"出草"40余年。

斗转星移，一晃40多年过去了。新酋长奥哥又领着山里的青年人找到吴凤，摆出一副非"出草"不可的阵势。吴凤意识到事态的严重性，第二天召集了山民代表，严肃而沉痛地说："我任职40多年，不曾有一事亏待你们，须知杀人犯法，况且杀了好人祭神，神不但不保佑，反而会发怒而降下灾难。如今，我既然和你们有约在先，就只准你们杀一人，此人朱衣红巾，明日将在官厅面前徘徊。今后，不准伤害其他人。"

第二天早晨，吴凤按照他昨天说的穿着将自己装扮好，走出官厅时，立即被埋伏的射手射倒。山民一拥而上，揭开红巾一看，发现死者竟是他们奉若神明的吴通事，顿时愕然失措，悲痛万分。吴凤的大仁大义终于感化了同胞，立誓不再杀人祭神，革除了杀人"出草"的恶习。

☀ 延伸思考

你还知道哪些中国历史上的一心为民的清官呢？

🔗 诗文链接

阿里山云海

佚 名

晨眸山向望，沧海涌云端。

玉露滴寒树，浮峰隐翠岩。

欲抛鱼线远，敢钓鹤游闲。

疑是星河阵，神兵征鼓连。

黄山归来不看岳

黄山

　　黄山位于安徽省南部黄山市境内，是安徽旅游的标志，中国十大风景名胜唯一的山岳风光。

☼ 延伸思考

你知道中国十大风景名胜都有哪些吗?

黄山集八亿年地质史于一身,融峰林地貌、冰川遗迹于一体,兼有花岗岩造型石、花岗岩洞室、泉潭溪瀑等丰富而典型的地质景观。前山岩体节理稀疏,多球状风化;后山岩体节理稠密,多柱状风化,山体峻峭,形成了"前山雄伟、后山秀丽"的地貌特征。

黄山四绝

黄山四绝,是指黄山的四种独特景观,分别为:奇松、怪石、云海、温泉。

奇松

奇松即形态奇特的松树。最著名的黄山松有:迎客松、望客松、送客松、探海松、蒲团松、黑虎松、卧龙松、麒麟松、连理松等。

黄山名松上百,最著名者为"黄山十大名松":

迎客松:位于玉屏楼东,黄山标志。

送客松:位于玉屏楼右。2005年冬天枯死,后于玉屏楼右翼再找到候补松树。

迎客松

蒲团松：位于莲花溪谷。

竖琴松：位于卧云峰侧北坡。

麒麟松：位于清凉台。

探海松：位于天都峰的鲫鱼背旁。

接引松：位于始信峰。

连理松：位于散花坞与始信峰中间。

黑虎松：位于北海至始信峰岔道口。

龙爪松：位于始信峰。

怪石

黄山已被命名的怪石有120多处，其形态各异。黄山怪石从不同的位置，在不同的天气观看，亦可谓"横看成岭侧成峰，远近高低各不同"。

猴子观海

图 说

猴子观海，又称猴子望太平，是黄山一处奇石景观，位于黄山风景区北海景区。

延伸思考

你能背诵苏轼的《题西林壁》吗？

黄山几乎每座山峰上都有怪石，其形成期约在100多万年前的第四纪冰川期。著名的怪石有位于北海的梦笔生花，以及"喜鹊登梅"（仙人指路）、老僧采药、苏武牧羊、飞来石、猴子望太平（猴子观海）等。

云海

自古黄山云成海，是云雾之乡，其瑰丽壮观的"云海"以美、胜、奇、幻享誉古今，一年四季皆可观，尤以冬季景最佳。依云海分布方位，全山有东海、南海、西海、北海和天海。黄山一年之中有云雾的天气达200多天，水气升腾或雨后雾气未消，就会形成云海。"红树铺云"，成片的红叶浮在云海之上，这是黄山深秋罕见的奇景；"北海双剪峰"，当云海经过两侧的山峰之间流出，向下倾泻时，又是黄山的一道奇景。

黄山云海

温泉

　　黄山"四绝"之一的温泉（古称汤泉），在海拔850米的紫云峰下，水质以含重碳酸为主，可饮可浴。传说轩辕黄帝就是在此沐浴七七四十九日得返老还童，羽化飞升的，故又被誉之为"灵泉"。

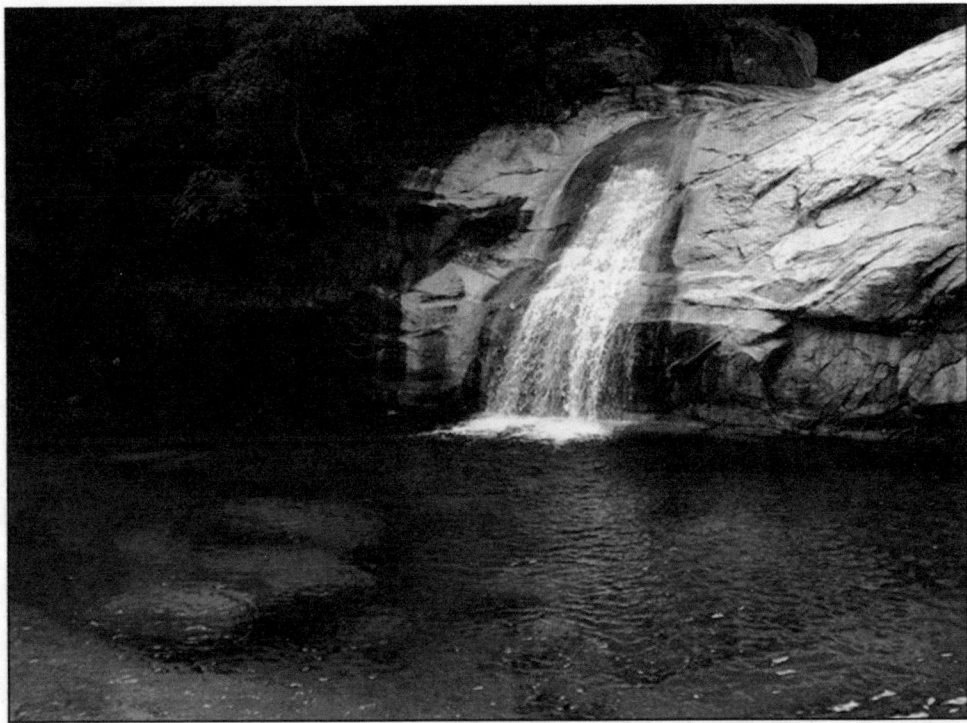

黄山温泉

图说

　　黄山有36源、24溪、20深潭、17幽泉、3飞瀑、2湖、1池。黄山之水，除了温泉之外，尚有飞瀑、明荃、碧潭、清溪。

黄山三瀑

黄山三大名瀑，是指人字瀑、百丈瀑、九龙瀑。

人字瀑古名飞雨泉，在紫石、朱砂两峰之间流出，清泉分左右走壁下泻，呈"人"字形，最佳观赏地点在温泉区的"观瀑楼"。九龙瀑，源于天都、玉屏、炼丹、仙掌诸峰，自罗汉峰与香炉峰之间分九叠倾泻而下，每叠有一潭，称九龙潭。古人赞曰："飞泉不让匡庐瀑，峭壁撑天挂九龙。"是黄山最为壮丽的瀑布。百丈瀑在黄山青潭、紫云峰之间，顺千尺悬崖而降，形成百丈瀑布。近有百丈台，台前建有观瀑亭。

🔗 诗文链接

夜泊黄山闻殷十四吴吟

唐·李白

昨夜谁为吴会吟，风生万壑振空林。

龙惊不敢水中卧，猿啸时闻岩下音。

我宿黄山碧溪月，听之却罢松间琴。

朝来果是沧洲逸，酤酒醍盘饭霜栗。

半酣更发江海声，客愁顿向杯中失。

庐山有"香炉"

庐山

　　庐山，又名匡山、匡庐，位于江西九江庐山市境内。庐山以雄、奇、险、秀闻名于世，素有"匡庐奇秀甲天下"之美誉，是世界文化遗产、世界地质公园、国家重点风景名胜区、国家 AAAAA 级旅游景区、中华十大名山、中国最美十大名山、全国重点文物保护单位、中国四大避暑胜地、首批全国文明风景旅游区示范点。

庐山名称的来历

有一种传说，早在周初，有一位匡俗先生，在庐山学道求仙。匡俗在庐山寻道求仙的事迹，为朝廷所获悉。于是，周天子屡次请他出山相助，匡俗也屡次回避，潜入深山之中。后来，匡俗其人无影无踪，有人说他成仙去了。后来，人们美化这件事，把匡俗求仙的地方称为"神仙之庐"。庐山这一名称，就是这样出现的。因为"成仙"的人姓匡，所以又称匡山，或称为匡庐。到了宋朝，为了避宋太祖赵匡胤的名讳，而改称康山。

另一种传说，在周武王时候，有一位方辅先生。同老子李耳一道，骑着白色驴子，入山炼丹，二人也都"得道成仙"，山上只留下一座空庐。人们便把这座"人去庐存"的山，称为庐山。"成仙"的先生名辅，所以又称为辅山。

老子是中国古代伟大的思想家、哲学家、文学家和史学家，道家学派创始人和主要代表人物，被唐朝帝王追认为李姓始祖。老子乃世界文化名人，世界百位历史名人之一，今存世有《道德经》（又称《老子》），其作品的核心精华是朴素的辩证法，主张无为而治。

延伸思考

你对老子了解多少？

庐山文化

庐山是一座历史悠久的文化名山，名胜古迹遍布。千百年来，无数文人墨客、名人志士在此留下了浩如烟海的丹青墨迹和脍炙人口的美妙篇章。苏轼写的"不识庐山真面目，只缘身在此山中"的庐山云雾；李白写的"飞流直下三千尺，疑是银河落九天"的秀峰马尾瀑；毛泽东写的"天生一个仙人洞，无限风光在险峰"的吕洞宾修仙而居

庐山风光

图说

中华十大名山：山东泰山、安徽黄山、四川峨眉山、江西庐山、西藏珠穆朗玛峰、吉林长白山、陕西华山、福建武夷山、台湾玉山、山西五台山。

中国最美十大名山：贡嘎山、珠穆朗玛峰、梅里雪山、黄山、三神山、乔戈里峰、冈仁波齐峰、泰山、峨眉山和庐山。

周敦颐

图说

周敦颐（1017—1073），又名周元皓，原名周敦实，字茂叔，谥号元公，北宋道州营道楼田堡（今湖南省道县）人，世称濂溪先生。

周敦颐是北宋五子之一，是宋朝儒家理学思想的开山鼻祖，文学家、哲学家，著有《周元公集》《爱莲说》《太极图说》《通书》（后人整编进《周元公集》）。所提出的无极、太极、阴阳、五行、动静、主静、至诚、无欲、顺化等理学基本概念，为后世的理学家反复讨论和发挥，构成理学范畴体系中的重要内容。

延伸思考

你知道中国四大书院吗？

的仙人洞，均是诗景交融、名扬四海的绝境。庐山的名胜古迹还有：列中国四大书院之一的白鹿洞书院、唐寅《庐山图》中的观音桥、周瑜鄱阳湖练兵点将处、周敦颐写出《爱莲说》的爱莲池、朱元璋与陈友谅大战鄱阳湖时屯兵饮马的小天池、凭栏可极目远眺蜿蜒长江的望江亭、白居易循径赏花的花径、千年古树三宝树、观鄱阳湖日出的含鄱口。另外还有3000多种植物的植物园、如五老并立的五老峰、抛珠溅玉的三叠泉瀑布，被陆羽誉为天下第一泉的谷帘泉，天下第六泉的招隐泉，天下第十泉的天池峰顶龙池水，等等。

庐山主要景点

锦绣谷

锦绣谷是由大林峰与天池山交会而成。因四季姹紫嫣红，花团锦簇，故名锦绣。锦绣谷是因第四纪冰川作用，经过冰川的反复刻切，形成了一个平底陡壁的山谷。

锦绣谷

毛主席的七绝诗："暮色苍茫看劲松，乱云飞渡仍从容。天生一个仙人洞，无限风光在险峰。"所描写的就是锦绣谷的景色。

三叠泉

三叠泉古人称"匡庐瀑布"，被誉为"庐山第一奇观"。由大月山、五老峰的涧水汇合，从大月山流出，经过五老峰背，由北崖悬口注入大盘石上，又飞泻到二级大盘石，再喷洒至三级盘石，形成三叠，故而得名。三叠泉势如奔马，声若洪钟，总落差155米。古人描绘曰："上级如飘云拖练，中级如碎石摧冰，下级如玉龙走潭。极为壮观，撼人魂魄。"

三叠泉

含鄱口

含鄱口

含鄱口位于东南部含鄱岭的一个山口,海拔 1286 米。此处三面环山,一面临湖,三座山峰连在一起犹如一只张开的巨口,如欲饮鄱阳之水,而得名含鄱口。

含鄱口也是中国九大观日出地之一,最佳地为含鄱亭。登上含鄱亭,极目四眺,湖光山色,尽收眼底。

庐山美庐

美庐是庐山别墅的优秀代表,位于海拔 1174 米的庐山西谷区南处,是国内极少的国共两党最高领导人都居住过的房屋。

美庐

美庐别墅内所展示的内容主要由三个部分组成:一为"美庐"留存物品;二为国民政府要员们在"夏都"政治活动的历史照片及历史物品;三是牯岭历史及 20 世纪 30 年代所拍摄的庐山名胜照片等。

五老峰

五老峰为庐山主峰,地处庐山东南侧,海拔 1436 米,因山的绝顶被垭口所

五老峰

断，分成并列的五个山峰，仰望俨若席地而坐的五位老翁，故得名"五老峰"。李白曾多次登五老峰，并留下诗文："庐山东南五老峰，青天削出金芙蓉。九江秀色可览结，吾将此地巢云松。"意指庐山五老峰的峭拔秀丽，登上此峰可俯瞰山下美景。

植物园

植物园创建于1934年，位于庐山东谷大月山和含鄱岭之间，是中国第一座高山植物园。创始人为中国著名的植物学家胡先骕、秦仁昌、陈封怀等教授。植物园位于海拔1000～1320米的高山上，四周环山，年平均气温

植物园

11.4℃，年平均雾日193天，年均降雨量1800～2000毫米，平均相对湿度79.7%，是著名的科研和旅游胜地。

三宝树

三宝树

三宝树因三株特殊古树而得名，其中两棵为柳杉，一棵为银杏。此处浓荫蔽日，绿浪连天，三棵参天古树凌空耸立，两棵柳杉，各高40余米，已有600余年的树龄。一棵银杏，形同宝塔，高约30

米，有1600余年的树龄。

花径

　　花径位于庐山牯岭街西南方向2公里处，这里海拔
1035米，曾是庐山历史上的三大名寺（西林寺、东林
寺、大林寺）之一的大林寺所在地。在唐代，这里被人们
誉为"匡庐第一境"，花径曾是唐代大诗人白居易咏《大
林寺桃花》的地方。

花径

诗文链接

望庐山瀑布

唐·李白

日照香炉生紫烟，遥看瀑布挂前川。

飞流直下三千尺，疑是银河落九天。

大美雁荡山

雁荡山

南朝时期，梁国昭明太子在芙蓉峰下建寺造塔，为雁荡山开山之始。唐代，西域高僧诺讵那因仰慕雁荡山"花村鸟山"之美名，率弟子三百来雁荡山弘扬佛教。其人被奉为雁荡山开山鼻祖。历代文人墨客纷至沓来，谢灵运、沈括、徐霞客、张大千、郭沫若、陈志岁等都在此留下了诗篇和墨迹。

延伸思考

你知道三山五岳指的是哪几座山吗？

93

雁荡山洪武尖

雁荡山东麓有一座山峰叫洪武尖，相传是朱元璋赐封的名字。

元朝末年，天下大乱。朱元璋和大将徐达四处招兵买马，率领义军攻打宁波、温州。开始攻打宁波时势如破竹，锐不可当；不料后来攻打温州城时损兵折将，接连兵败受挫。他听说有个人叫刘伯温，熟读兵书，颇有谋略，便带领随从去邀请刘伯温出山，辅助他统一天下。

不料，消息泄漏，走到青田附近时，忽然听到树林中杀声震天，元将也先帖木儿率领伏兵蜂拥而来。朱元璋急忙指挥义军向东撤退，一直退到乐清镇通往温岭大溪的盘山岭古道。半路上徐达率领的一部分义军被冲散，朱元璋骑着枣红马逃到洪武尖附近。

元兵赶到那里时，忽然大雾迷漫，朱元璋所带人马无影无踪。仔细察看，只见马蹄印朝着山下而去，上面已布满了蜘蛛网。也先帖木儿以为他们早已下山离开，就下令不再追赶，吩咐元兵在山脚下安营扎寨。

原来，朱元璋带领义军退到洪武尖时，已人困马乏，唇干舌燥，筋疲力尽。他看到后面大队元兵紧追不舍，急中生智，命令大家掉转马头，倒退上山。马儿不肯走，马夫便脱下衣服蒙住它的双眼，拉住马尾逼着它逐步倒退上山。

元军追到山脚，转瞬之间整座洪武尖沉没在雾海之中。朱元璋大喜，便令义军垒石为城，埋锅造饭。但山顶找不到水源，正在焦急之际，只听得林中有人高声吟唱："蛛网布蹄印，元兵空追寻；重雾藏英杰，劈地出甘泉。"

朱元璋听后便走到山凹处，跪地向天祷告："请老天佑我，赐给泉水！"随后拔出宝剑，用力插入草地。只见地上突然之间喷出一股清泉，众人大喜。当晚，朱元璋下令士兵搬来石头，堆叠在一起，筑起一道城墙。半夜时分，烟消雾散。朱元璋派士兵下山侦察，发现山脚下的元军毫无防备，早已熟睡。

于是朱元璋传令全军，拼命推倒石头墙，只听"轰隆"一声，千万块乱石一齐向山下滚去，砸得元军头破血流，四处逃窜。趁着元兵混乱之际，朱元璋率领义军冲下山去。这时，大将徐达也率领人马刚好赶到，两面夹攻，杀得元兵丢盔卸甲，也先帖木儿慌忙逃命。

洪武尖

不久，朱元璋夺了天下，做了明朝开国皇帝，国号"洪武"。他想起当年逃亡这段难忘的经历，就把那座山赐名为"洪武尖"，上面的泉水称为"一剑泉"，并赐给山上每只蜘蛛一条漂亮的金丝带，以感谢它们当年的救命之恩。

如今，洪武尖上的蜘蛛，腰间都系着金光闪亮的丝线。当地人传说，这就是朱元璋赏赐的金腰带。洪武尖上至今还有朱元璋当年留下的歇脚石、磨刀石和用石块筑成的废旧城墙的遗迹。

雁荡山上"金交椅"

雁荡朝阳洞山上，有一块大岩石，形如一把"金交椅"。

传说"金交椅"下面原先有个岩洞，洞口很小很小，只能伸进一只手。洞内情况就无人知晓了。

一日，放牛娃灵峰发现了"金交椅"脚下这个岩洞。他把耳朵贴近听听，洞里的流水有时咚咚响，就像演奏仙乐一样；有时笃笃地敲起来，像有千军万马奔腾。灵峰睁大眼睛往洞里看，见洞里一片光亮，好比星星在闪动！他把手伸进去，哪知道马上摸到一条活蹦乱跳的鲤鱼。这条鲤鱼，背部墨黑，像将军的盔甲；嘴一张一张的，像黄龙的嘴巴；尾巴则像一副船桨。

他左瞧瞧，右看看，把鲤鱼放进竹篓里。接着又把手伸进洞里去摸，又是一条！就这样，他一连摸了五条鲤鱼。

灵峰的奶奶眼神不太好，可自从吃了孙子每天带回来的鲤鱼，眼睛慢慢好转起来。半个月后，全好了。

灵峰吃了鲤鱼，不到一个月，也长成了身强力壮的铁汉子，力气增加了不少。

后来，"金交椅"脚下的岩洞消失了，灵峰摸到的五条鲤鱼，在灵岩那一边山头，化成了岩石，大家都叫它"朝天鲤"。

金交椅

图说

金交椅，是古代一种有扶手，腿交叉，可以折叠的椅子。多用来比喻领导地位。"第一把金交椅"比喻最高的地位。

在《水浒传》中，宋江上梁山后，晁盖用"请宋江为山寨之主，坐第一把金交椅"的提议作为对他救命之恩的宋江的回报。

朝阳洞

图说

雁荡山以山水奇秀闻名，素有"海上名山、寰中绝胜"之誉，史称中国"东南第一山"。雁荡山，又名雁岩、雁山。因山顶有湖，芦苇茂密，结草为荡，南归秋雁多宿于此，所以得名雁荡。

诗文链接

出雁山

宋·王十朋

三宿山中始出山，出山心尚在山间。

浮名夺我林泉趣，不及山僧一味闲。

三大平原

东北平原地貌

东北平原

　　东北平原或称松辽平原、关东平原，是中国三大平原之一，也是中国最大的平原，位于中国东北部，地跨黑、

吉、辽和内蒙古四个省区，地处大、小兴安岭和长白山脉之间，北起嫩江中游，南至辽东湾，南北长约1000公里，东西宽约400公里，面积达35万平方公里。

东北平原土地肥沃，是全球仅有的三大黑土区域之一，东北四省（区）粮食产量占中国总产量的三分之一，是中国重要的粮食、大豆、畜牧业生产基地，也是中国重要的钢铁、机械、能源、化工基地。

气候特征

东北平原处于温带和暖温带范围，位于东亚季风区的最北端，属于温带大陆性季风气候，是中国湿润的东部季风区和干旱的内陆之间的过渡带，一年四季分明，夏季温热多雨，冬季严寒干燥，大陆性气候由东向西渐强。

自然资源

石油是东北平原最重要的矿产资源。平原北部因盆地抬升缩小，产生了巨厚的沉积物，为石油生成提供了有利条件。位于东北平原上的三大油田分别是大庆油田、吉林油田和辽河油田。

东北平原除了有丰富的石油资源外，煤炭、黄金、石灰石、玛瑙等矿产资源也储量可观，品位较高。已探明煤炭储量1.5亿吨，远景储量2.48亿吨；探明黄金储量15.4吨，远景储量58.7吨；石灰石储量在数十亿吨以上，为发展矿产采掘、加工提供了有利条件。

生物资源

东北平原是中国重点林区，有林地面积4393万公顷。东北林区木材品种齐全，林质优良，树的种类有100多种。全区有野生动物1000余种。除雕、天鹅、东北虎、鹿、紫貂等30余种珍稀动物外，经济价值较高的还

延伸思考

你知道大陆性气候有什么特点吗？

有林蛙、花尾棒鸡等。森林野生植物资源极为丰富，据不完全统计共有2400多种，其中可食用植物1000多种。东北平原天然草原野生植物也比较丰富，已查明的野生经济植物就有800余种。

华北平原

　　华北平原又称黄淮海平原，是中国东部大平原的重要组成部分。北抵燕山南麓，南达大别山北侧，西倚太行山—伏牛山，东临渤海和黄海，跨越京、津、冀、鲁、豫、皖、苏7省市，面积30万平方公里。平原地势平坦，河湖众多，交通便利，经济发达，自古即为中国政治、经济、文化中心，平原人口和耕地面积约占全国的1/5。

华北平原

> **图说**
> 　　京、津、冀、鲁、豫、皖、苏：分别指北京、天津、河北、山东、河南、安徽、江苏。

气候特征

华北平原属暖温带季风气候，四季变化明显，南部淮河流域处于向亚热带过渡地区，其气温和降水量都比北部高，平原年均气温8～15℃，冬季寒冷干燥，农作物大多为一年两熟，北部部分地区两年三熟。

延伸思考

你知道中国南北方地理分界线是什么吗？

华北平原大体在淮河以南属于北亚热带湿润气候，以北则属于暖温带湿润或半湿润气候。冬季干燥寒冷，夏季高温多雨，春季干旱少雨，蒸发强烈。春季旱情较重，夏季常有洪涝。年均温和年降水量由南向北随纬度增加而递减。

经济作物

华北平原土层深厚，土质肥沃。主要粮食作物有小麦、水稻、玉米、高粱、谷子和甘薯等，经济作物主要有棉花、花生、芝麻、大豆和烟草等。华北平原是中国重要的粮棉油生产基地。

华北平原是以旱作为主的农业区。黄河以北原以两年三熟为主，粮食作物以小麦、玉米为主，主要经济作物有棉花和花生。随着灌溉事业发展，一年两熟制面积不断扩大。黄河以南大部分地区可一年两熟，以两年三熟和三年五熟为主，复种指数居华北地区首位。华北平原还盛产苹果、梨、柿、枣等水果。

矿产资源

华北平原矿产资源丰富，有煤、石油、铁矿等，有中国著名的大港油田和胜利油田。东部渤海、黄海沿岸，地势平坦，宜晒海盐，有著名的长芦盐区和苏北盐区，以及重要的盐碱工业基地。

长江中下游平原

长江中下游平原是指中国长江三峡以东的中下游沿岸带状平原，为中国三大平原之一，地跨中国鄂、湘、赣、皖、苏、浙、沪等7省市，素有"水乡泽国"之称，主要工业有钢铁、机械、电力、纺织和化学等，是中国重要的工业基地，水陆交通发达。

长江中下游平原是中国重要的粮、油、棉生产基地，亦为中国水资源最丰富的地区。长江天然水系及纵横交错的人工河渠使该区成为中国河网密度最大的地区。同时该区是中国淡水湖群分布最集中地区，著名淡水湖有鄱阳湖、洞庭湖等。

延伸思考

你知道梅雨名字的由来吗？

气候特征

长江中下游平原属亚热带季风性气候，最低温高于0℃，雨热同期，夏季炎热高温多雨，冬季温和少雨，六七月份受副热带高压带控制，有梅雨的特殊天气。

长江中下游平原

矿产资源

长江中下游平原矿产资源种类很多，其中有色金属在中国占有重要地位。这主要由于江南山地丘陵在地质历史上曾有过大规模的岩浆活动，岩浆在冷凝过程中，所含的各种金属成分在不同温度下分别形成钨、锑、铜、铅、锌等有色金属。

煤炭资源分布情况是：长江以北多大煤田，如江苏徐州，安徽淮北、淮南；长江以南多中小煤田，主要有江西萍乡、丰城，湖南资兴等。非金属矿产有湖北的磷矿。

水系情况

长江中下游平原区域内最主要的河流为长江及其支流汉江，区域内河流多为冲积性河流。

长江是中国第一大河，干流全长6300公里，流域总面积180余万平方公里，年平均入海水量约9600余亿立方米。以干流长度和入海水量论，长江均居世界第三位。

汉江是长江最长的支流，在历史上占据重要地位，常与长江、淮河、黄河并列，合称"江淮河汉"。

🔗 诗文链接

黄鹤楼送孟浩然之广陵

唐·李白

故人西辞黄鹤楼，烟花三月下扬州。

孤帆远影碧空尽，唯见长江天际流。

天人合一　五岳独尊　勇于担当

岱宗夫如何

泰山

　　泰山又名岱山、岱宗、岱岳、东岳、泰岳，位于山东省中部，总面积24200公顷。主峰玉皇顶海拔1545米，气势雄伟磅礴，有"五岳之首""五岳之长""天下第一山"之称。泰山被古人视为"直通帝座"的天堂，成为百姓崇拜，帝王告祭的神山，有"泰山安，四海皆安"的说法。

泰山是中华民族的象征，是东方文化的缩影，是"天人合一"思想的寄托之地，是中华民族精神的家园。

重于泰山

西汉著名的历史学家、思想家和文学家司马迁，对泰山的钦敬之情是众所周知的。

西汉元封元年，汉武帝第一次封禅泰山，司马迁的父亲作为史官，本应来泰山参加封禅，但是他却因故留在洛阳。他将参加封禅视为自己政治生命中的一件大事，不能东行参加封禅大典，令他异常遗憾和失望，终于忧锁成疾，卧床不起。这时，恰好司马迁外游归来与父亲相见，于是父亲握着司马迁的手流着泪说："我们的祖先是周朝的官吏，远祖还有大功于夏，是百官之长，后世逐渐衰弱，难道天将灭绝于我吗？你如果能继任太史官职，那就能继承祖业了。现在汉朝的天子继承了数千年来封禅泰山

五岳独尊

图 说

司马迁，字子长，夏阳（今陕西韩城南）人。西汉史学家、散文家。司马谈之子，任太史令，因替李陵败降之事辩解而受宫刑，后任中书令。发奋继续完成所著史籍，被后世尊称为史迁、太史公、历史之父。

司马迁

司马迁早年受学于孔安国、董仲舒，漫游各地，了解风俗，采集传闻。初任郎中，奉使西南。元封三年（前108年）任太史令，继承父业，著述历史。他以其"究天人之际，通古今之变，成一家之言"的史识创作了中国第一部纪传体通史《史记》（原名《太史公书》）。被公认为是中国史书的典范，该书记载了从上古传说中的黄帝时期，到汉武帝元狩元年，长达3000多年的历史，是"二十五史"之首，被鲁迅誉为"史家之绝唱，无韵之离骚"。

的大统，封禅于泰山，而我却不能随行，这是命中注定的呀！我死之后，你一定要继任太史官职的，做了太史不要忘了我所渴望的著书立说的意愿。"

司马迁从父亲的言谈话语之中看出参加封禅泰山的大典对光宗耀祖是何等重要，他没有辜负父亲的愿望，即使在受了宫刑之后，仍矢志不移，决心忍辱完成父亲未竟之业。他在给好友任安的《报任安书》中，表达了受刑之后的痛苦心情，并提到写作《史记》的意图和完成的决心。就在这篇著名的书信之中，司马迁把泰山融入千古名句："人固有一死，或重于泰山，或轻于鸿毛。"可见，在司马迁的心目中，泰山是一个庄重、威严、雄伟的象征。

后来，人们使用"泰山"与"鸿毛"这两种轻重反差极大的事物来比喻轻重悬殊的两种事情。

碧霞元君

传说姜子牙辅佐周武王建立了周氏王朝后，天下统一，武王认为大臣们开国有功，应该重重有赏。可是，想来想去，却找不出合适的礼物，最后，武王还真想出了个绝顶的好主意，就是把全国的领地都分给大臣们。这样一来，既显示了武王的慷慨，又能说明他对大臣们的信任；同时考验大臣们是否真的忠君爱国；再者，武王这样也就轻松愉快，落得清闲做他的"天子"就行了。主意已定，武王便把封神大权交给了军师姜子牙，让他分封诸侯。

却说姜子牙分封诸侯，封来封去把全国其他的名山大川、风水宝地都封尽了，就留下了一座东岳泰山。姜子牙早就知道泰山气势雄伟，风景秀丽，是个供人游玩的好地方，他原准备把泰山留给自己，可谁知武王的护驾大将黄飞虎找上门来，非要把泰山封给他不可。两人正在商榷，不知谁又走漏了风声，黄飞虎的妹妹黄妃也来找姜子牙要地盘，说是武王答应她，要她来找姜子牙。这下可好了，三个人都看准了泰山这块宝地，这到底如何是好呢？事到如今，只黄氏兄妹就够姜子牙缠的了，自己便不得不打消了坐泰山的念头。不过放弃了也怪可惜，他见黄氏兄妹一个凭护驾有功，一个仗武王后台，两人争得面红耳赤，就赌气地对他们说："好了二位，谁也别争，谁也别抢，凭自己的本事，谁先登上泰山，泰山就是谁的。"黄飞虎一听，不禁拍手叫绝。他想：凭我一身气力，泰山还能有黄妃的份？可是，身单力孤的黄妃，也没有一点惧色，一口应允了。

碧霞元君

图说

　　碧霞元君是中国古代神话传说中的女神，其道场是在中国五岳之尊的东岳泰山，位于山东省泰安市。碧霞元君的影响力由山东省泰安市传播开来，历经上千年，特别是在明清时期以后，对于中国北方地区的文化产生了重大的影响。

　　碧霞元君全称为"东岳泰山天仙玉女碧霞元君"，道经称为"天仙玉女碧霞护世弘济真人""天仙玉女保生真人宏德碧霞元君"。因坐镇泰山，尊称泰山圣母碧霞元君，俗称泰山娘娘、泰山老奶奶、泰山老母、万山奶奶等。道教认为，碧霞元君"庇佑众生，灵应九州""统摄岳府神兵，照察人间善恶"，是道教中重要的女神，中国历史上影响最大的女神之一。

黄飞虎是个四肢发达、头脑简单的武夫，比赛日期一到，便骑上他的麒麟，日夜兼程，从京都直奔泰山。黄妃为比赛绞尽了脑汁，终于想出了一条妙计。比赛一开始，她先将自己的鞋子脱下一只，使了个神法，将鞋子扔到玉皇顶上，然后才不慌不忙地向泰山赶来。等到黄妃爬上泰山，兄长早等得不耐烦了。

他见黄妃姗姗来迟，便对她说："不行就是不行，别逞能。这回你该服气了吧？"

"真是岂有此理！是我先已到此，我以为你在路上出了什么事，前去接你，不想你已绕道赶来。"黄妃一本正经地说。

"你别胡搅蛮缠，你说先到，有何证据？"黄飞虎还真有点着急。

"证据吗？当然有，你来看吧。"

黄飞虎跟着妹妹来到玉皇顶，只见黄妃的一只绣花鞋端端正正地放在石坪上。尽管有证有据，黄飞虎却从心里不服气，斥责妹妹："你耍滑头。"黄妃不紧不慢地说："凭本事嘛，怎么是耍滑头？"黄妃自知纸里包不住火，光是兄长一人好对付，等姜子牙他们来就麻烦了。她作出无可奈何的样子对兄长说："咱们兄妹二人，本该是你敬我让，不分你我才是。这样吧：我住山上，你住山下；咱们共管泰山总可以了吧？"这样一来，先来的黄飞虎倒成为了不晓世理的孬种；后到的黄妃却是慷慨大度的好人，把个黄飞虎气得直翻白眼。可也没有办法，谁让她是自己一母同胞的妹妹呢，只好答应了。

等姜子牙赶来，一看便知道黄飞虎上了妹妹的当。可是他见黄氏兄妹都协商妥了，也不好再把事情说破，只好将计就计，把黄飞虎封为泰山神，把黄妃封为碧霞元君，一个在山下天贶殿，一个在山顶碧霞祠。

泰山石敢当

从前泰山脚下有一个人，姓石名敢当。此人非常勇敢，武功高强，又好打抱不平，在泰山周围名气很大。

泰安南边五六十里地，有个大汶口镇。镇里有户张姓人家，张家的女儿年方二八，长得自然是脱俗漂亮。可近来每到太阳压山的时候，就从东南方向刮来一股妖气，刮开她的门，上她屋里去。这样天长日久，女孩就面黄肌瘦，很虚弱。家人找了许多先生看，也治不好。人们说，这是妖气缠身，光吃药是治不好的。

张家老人听说泰山上有个石敢当很勇敢，就备上毛驴去请他。

石敢当听后，交代下人说："准备十二个童男，十二个童女。男的一人一个鼓，女的一人一面锣。再就是准备一盆子香油，把棉花搓成很粗的灯捻，准备一口锅，一把椅子，只管把东西准备齐了。"

天色一黑，他就用灯芯子把香油点着了，再用锅把盆子扣住，坐在旁边，用脚挑着锅沿，这样虽然点着灯，远处也看不见灯光。

一会儿，从东南方向来了一阵妖风，看着风就过来了。石敢当用

石敢当石刻字

脚一踢，踢翻了锅，灯光一亮，二十四个童男童女就一齐敲锣打鼓，妖怪一进屋，看见灯光一亮，就闪出屋，逃跑了。从此以后，石敢当声名大振，四面八方闹妖怪的人家都来找他。石敢当苦于分身乏术，就想了一个办法，他找石匠打上自己的家乡和名字："泰山石敢当"，谁家闹妖气，就把它放在谁家的墙上，那妖就跑了。以后就传开了，说妖怪怕泰山石敢当，只要你找块石头，在上面刻上"泰山石敢当"，妖怪就不敢来了，所以从前人们盖房子、垒墙的时候，总是先刻好了"泰山石敢当"几个字垒在墙上，以求避邪之效。

🔗 **诗文链接**

望 岳

唐·杜甫

岱宗夫如何，齐鲁青未了。

造化钟神秀，阴阳割昏晓。

荡胸生曾云，决眦入归鸟。

会当凌绝顶，一览众山小。

深秀琅琊山

琅琊山

琅琊山，位于安徽省滁州市西南。主峰小丰山，海拔317米，总面积240平方公里。琅琊山古称摩陀岭，唐大历六年（771年），滁州刺史李幼卿搜奇探胜，听闻传说琅琊王司马伷曾率兵驻此，因名，又称琅耶山。后因欧阳

修的《醉翁亭记》而名扬天下。

琅琊山享有"蓬莱之后无别山""皖东明珠"之美誉。因盛产多种中药材，而被人们誉为"天然药圃"。境内有醉翁亭、琅琊阁、城西湖、姑山湖等景点。

琅琊山传说

相传很久以前，琅琊山并不像现在这样秀丽多姿。东岳大帝的女儿碧霞仙姑因嫌天宫冷清寂寥，便想到人间游山玩水，恰巧落在琅琊山上。仙姑定睛一看，琅琊山一片荒凉，顿时大失所望。她稍作休息，决定留下来美化琅琊山。碧霞仙姑知道天宫里的甘霖能够使花草变香，清泉变甜。她便每天往返于天上和人间，取来甘霖，洒在琅琊山上。

她不辞劳苦，终于使琅琊山开始长树开花，风景渐渐秀丽起来，如同仙境一般。碧霞仙姑造就了一处人间仙境的消息传到天宫，她的姐妹纷纷要求下来观赏，并约定在每年仙姑的生日正月初九下凡聚会，赐福人间。久而久之，滁州人为了纪念碧霞仙姑和众姐妹，祈求人间平安，便在琅琊山顶上建造了一座宫殿，这就是碧霞宫。每年正月初九，人们纷纷前来烧香祭祀，这样，逐渐形成了规模盛大、热闹非凡的"琅琊山庙会"。

醉翁之意不在酒

滁州琅琊山，自然景色优美，人文积淀丰厚，虽不如泰山雄伟，也不像黄山奇秀，但她那"小家碧玉"般独特的美，还是赢得了"蓬莱之后无别山"的美誉。"山不在高，有仙则名。"琅琊山又因为有了一代文豪欧阳修，从此就有了特别的灵气和风骨，于是她便成为了众多文人墨客精神的圣殿，更是滁州人千百年来寄情山水的乐园。欧阳修的学生曾巩就曾经说过，"滁之山水得欧公之文而愈光"。

"醉翁之意不在酒，在乎山水之间也！"欧阳修被琅琊山的秀丽景色迷醉，在滁州任职两年多的时间里，感怀时世，寄情山水，常登此山饮酒赋诗。琅琊古刹住持僧智仙同情欧阳修的境遇，尤为钦佩他的文才，特在山腰佳胜处修筑一亭，以供太守歇脚、会友、饮酒、作赋。欧阳修以自己的名号"醉翁"为此亭命名，从此便有了天下第一亭

☀ **延伸思考**

《陋室铭》体现了作者怎样的处世态度？

图说

欧阳修（1007—1072），字永叔，号醉翁，晚号六一居士，汉族，吉州永丰（今江西省吉安市永丰县）人，北宋政治家、文学家，且在政治上负有盛名。因吉州原属庐陵郡，以"庐陵欧阳修"自居。官至翰林学士、枢密副使、参知政事，谥号文忠，世称欧阳文忠公。累赠太师、楚国公。与韩愈、柳宗元、苏轼、苏洵、苏辙、王安石、曾巩合称"唐宋八大家"，并与韩愈、柳宗元、苏轼被合称"千古文章四大家"。

欧阳修

——醉翁亭，其《醉翁亭记》也随之横空出世，流传千古。

除欧阳修外，唐宋文人韦应物、王禹偁、辛弃疾等也先后到滁州为官。他们修筑城池楼馆，开发山川名胜，为琅琊山写下动人的诗词歌赋。另外又有众多声名显赫的文人墨客对琅琊山魂牵梦绕，像苏轼、王安石、曾巩、李绅、梅尧臣、顾况、宋濂、王阳明、王令、文征明、王世桢、杨杰等文豪大家不远千里、万里来一睹琅琊山的芳容，也都留下了许多与琅琊山有关的名篇佳句。文以山丽，山以文传。千百年来，歌咏琅琊山的诗词、歌赋、楹联不计其数，这里的青山绿水和一草一木正是因为在获得自然润泽的同时，更得到了人文的关照。

🔍 成语

醉翁之意不在酒

原意是作者自说在亭子里真意不在喝酒，而在于欣赏山里的风景。后用来表示本意不在此而在别的方面，也体现了作者的宽和仁爱之心。

琅琊山景点

醉翁亭

醉翁亭

醉翁亭景区是以中国著名的古亭——醉翁亭——为主的景区。已被列为安徽省重点文物保护单位，醉翁亭景区距离琅琊山脚一公里。醉翁亭建筑群，布局紧凑别致，亭台小巧独特，总面积不到1000平方米，却有多处互不雷同的建筑、景致。中国古代文化的珍宝《醉翁亭记》碑，是琅琊山森林公园最吸引游人的一个景点。

野芳园

野芳园原名"盆景园"。始建于1985年8月，是进入琅琊山山门牌坊后的第一个风景区。此园的建筑风格仿苏州园林建筑的基本特点，亭堂建筑飞檐翘角，白色马头墙，嵌砌漏窗，上复青灰色的筒瓦和小瓦，色彩和谐淡雅。

野芳园

深秀湖

深秀湖景区位于琅琊山醉翁亭至琅琊寺的山道边。因其青山环抱，景色秀丽，而取欧阳修《醉翁亭记》中"蔚然深秀"之意，故名。深秀湖古为一天然深水潭，是游人垂钓之所。

深秀湖

南天门

沿"二九径"或"天溪云径"可登攀琅琊山顶峰南天门，上有会峰阁和古碧霞元君殿等建筑群。这里是道教活动场所，每年正月初九，人们蜂拥而至，初九庙会热闹非凡。

南天门

🔗 诗文链接

黄 州

宋·苏轼

南山一尺雪，雪尽山苍然。涧谷深自暖，梅花应已繁。
使君厌骑从，车马留山前。行歌招野叟，共步青林间。
长松得高荫，盘石堪醉眠。祗乐听山鸟，携琴写幽泉。
爱之欲忘反，但苦世俗牵。归来始觉远，明月高峰颠。

恒山悬空寺真的是悬空的吗

恒山

恒山，亦名"太恒山"，古称玄武山、崞山，主峰天峰岭，海拔2016.1米。北岳恒山与东岳泰山、西岳华山、南岳衡山、中岳嵩山并称为五岳，为中国地理标志，是道教主流全真派圣地。

1982年，山西恒山风景名胜区被国务院批准列入第一批国家级风景名胜区名单。

恒山舍身崖

　　相传古代浑源城里有一个美丽的少女。一年夏天，她年迈的母亲得病，少女就和嫂子一道上恒山为母亲采药。不料刚走进幽深树林，便撞见了一只恶狼。只见恶狼张开血盆大口，朝她们扑过来。就在这危急时刻，有一个年轻人听见姑嫂二人的呼救声，从后面赶来，挥舞木棒，赶跑了恶狼。姑嫂二人非常感激，连连向青年道谢。言谈之中得知这个青年是在恒山修庙的画匠。少女见他容貌英俊，言谈举止又十分稳重干练，不由产生了爱慕之情。好心的嫂嫂看出了小姑的心思，就在一旁穿针引线，帮助小姑与画匠定了终身。

　　谁知好事多磨，祸从天降。浑源县的少爷久闻少女美貌出众，便要娶她为妾。而少女的父亲也嫌贫爱富，贪图县太爷家的钱财，想让女儿嫁给少爷。于是对女儿又是

舍身崖

打，又是骂，逼着女儿进火坑。少女无法忍受，连夜逃离家门，上恒山去寻找画匠。贤惠的嫂嫂怕小姑发生意外，也急忙跟随上山，暗中保护小姑。然而，不幸的是，少女跑遍了恒山山岭，也不见画匠的身影。这时，知县的少爷又率领家丁追来。眼看着如狼似虎的家丁们步步逼近，少女心一横，就从这万刃峰顶跳了下去。嫂嫂赶到崖顶，不见小姑踪影，四处寻找，不料一失足也跌入崖下。姑嫂二人的事迹感动了北岳山神，他施展神法，使少女化为百灵鸟，嫂嫂化为找姑鸟，日夜形影不离，飞绕此山，凄凉的叫声不绝于耳。"舍身崖"便由此得名。

恒山悬空寺

恒山悬空寺位于山西省浑源县，又名玄空寺，是佛、道、儒三教合一的独特寺庙。悬挂在北岳恒山金龙峡西侧翠屏峰的悬崖峭壁间。

恒山悬空寺始建于1400多年前的北魏王朝后期，历代都对悬空寺作过修缮。古代工匠根据道家"不闻鸡鸣犬吠之声"的要求建设了悬空寺，其庙宇宏敞，建筑巍峨，古朴壮观，高超的建筑技艺和不朽的艺术价值，充分体现了古代劳动人民的智慧和力量，是中国古代建筑精华的体现。

悬空寺距地面高约50米，发展了我国的建筑传统和建筑风格，其建筑特色可以概括为"奇、悬、巧"三个字。

值得称"奇"的是建寺设计与选址，悬空寺处于深山峡谷的一个小盆地内，全身悬挂于石崖中间，石崖顶峰突出部分好像一把伞，使古寺免受雨水冲刷。山下的洪水泛滥

悬空寺

时，也不会被淹。四周的大山也减少了阳光的照射时间。优越的地理位置是悬空寺能完好保存的重要原因之一。

"悬"是悬空寺的另一特色，全寺共有殿阁40间，表面看上去支撑它们的是十几根碗口粗的木柱，其实有的木柱根本不受力，所以有人用"悬空寺，半天高，三根马尾空中吊"来形容悬空寺，而真正的重心撑在坚硬岩石里。

悬空寺的"巧"体现在建寺时因地制宜，充分利用峭壁的自然状态布置和建造寺庙各部分建筑，将一般寺庙平面建筑的布局、形制等建造在立体的空间中，山门、钟鼓楼、大殿、配殿等一应俱全，设计非常精巧。寺内有佛像80多尊。

恒山十八景

峡烟雨，即金龙峡，位于天峰岭与翠屏峰之间，其间石壁万仞，青天一线，明代大旅行家徐霞客称叹"伊阙双峙，武夷九曲，俱不足比拟也。"

龙泉甘苦，即苦甜井，位于白云堂东侧，有一玄武亭，亭内并列双井，名玄武井。两井只相隔一米，水质却截然不同。一井水如甘露，清凉爽口；一井水味苦涩。

云阁虹桥，即古栈道，位于金龙峡最窄处，南北交通要道。

虎口悬松，即虎风口与悬根松，在步云路的石阶风口上，人到此处，清风飕飕，松涛阵阵，犹如虎啸龙吟。

果老仙迹，即果老岭，位于悬根松北的登山途中，石径上陷有行行小圆坑，形似驴蹄印，据说是张果老在恒山修仙时倒跨驴留下的蹄印。

云路春晓，即步云路，从岳门湾至恒宗殿，称十里步云路。旧时一里一亭，一步一松，亭亭不同，步步入云。

断崖啼鸟，即姑嫂崖，又称舍身崖。

危岩夕照，即夕阳岭，位于果老岭东侧，是一段插入云天的万仞绝壁，面西峭立，每当夕阳西下，"余晖反照千山色，满峪参差入画中"，奇光异景，令人神往。

金鸡报晓，即金鸡石，位于朝殿西古楼外，有一状如古磬的青石，以石相击，声振幽谷，如金鸡鸣叫，情趣绝妙。传说是黄山鸡吃了三茅真君失落的金丹而变。

茅窟烟火，即三茅窟，位于白虚观紫微阁旁断崖上，是三茅真君修仙得道处。

奕台鸣琴，即琴棋台，位于会仙府西北处，有巨石迸裂，西南有条崖缝，沿石缝而上，陡壁高处有一片风蚀岩石，台上刊棋一局，崖壁上是双钩书"琴棋台"三个字，此处传说是仙人对弈弄琴之所在。

☀ **延伸思考**

你知道道教茅山派创教祖师是谁吗？

玉羊游云，从朝殿瞭望东峰峭崖翠顶上，有白石累累如群羊吃草，在云雾的推动下，别生情趣，称为玉羊游云。

脂图文锦，即石脂图，位于主峰东崖上，由五色卵石天然结成，约四尺见方。

岳顶松风，即天峰岭，登上峰顶，恒山十八景尽收眼底。

幽窟飞石，即飞石窟，位于姑嫂崖北端，为一天然大石窟。窟内有寝宫、梳妆楼等。

仙府醉月，即会仙府，位于朝殿西侧，为恒山最高庙观，传说是仙人聚会之地。

紫峪云花，即紫芝峪，位于恒宗殿东侧，是一道草木丛生，曲折幽奇的沟峪。

石洞流云，即出云洞，位于紫芝峪东崖上，洞口上刻有"白云灵穴"四字。

🔗 诗文链接

登恒山

金·元好问

大茂维岳古帝孙，太朴未散真巧存。

乾坤自有灵境在，莫位岂合他山尊。

椒原旄旗白日跃，山界楼观苍烟屯。

谁能借我两黄鹄，长袖一拂元都门。

衡器称天地

衡山

衡山又名南岳、寿岳、南山，为中国"五岳"之一，位于湖南省。衡山的命名，据战国时期《甘石星经》记载，因其位于星座二十八宿的轸星之翼，"变应玑衡"，"铨德钧物"，犹如衡器，可称天地，故名衡山。

衡山是中国著名的道教、佛教圣地，环山有寺、庙、庵、观200多处。衡山是上古时期君王唐尧、虞舜巡疆狩

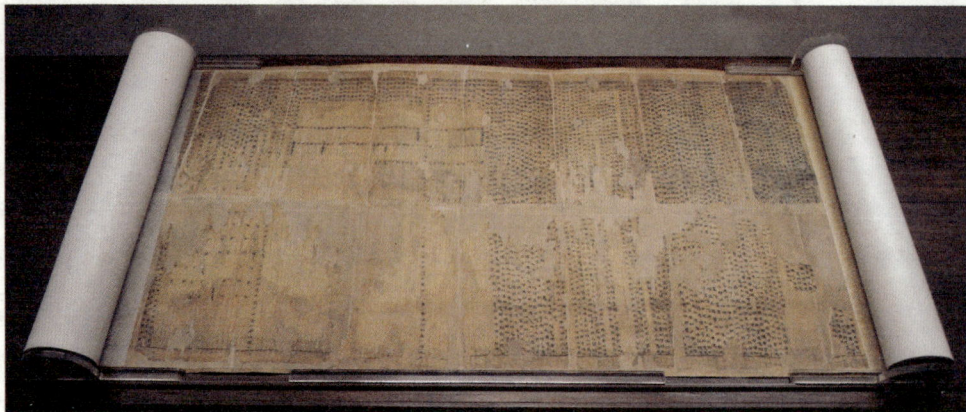

《甘石星经》

图说

　　《甘石星经》是一部天文学专著，甘经、石经各八卷，共十六卷，大致成书于战国时期。《甘石星经》是两书的合称，作者为当时的齐国人甘德和魏国人石申。

　　中国在春秋战国时期天文学已发展，在这一时期出现了一大批天文学专著和关于天文的观测记录用以皇帝星占之用。其中楚国（齐国）的天文学家甘德著有《天文星占》八卷，魏国的天文学家石申著有《天文》八卷，后人将这两部著作合为一部，取名为《甘石星经》，是世界上最早的天文学著作。

　　《甘石星经》标志着我国古代天文学的发展高度，同时也影响到当时的政治、文化生活。公元前212年秦始皇造阿房宫和建造郦山陵墓，就采用了天文学的知识，两座建筑上具天文下具地理。西汉惠帝元年(前194年)重修长乐宫，将城垣提高三丈，"城南为南斗形，北为北斗形，至今人呼汉旧京城为斗城。"

猎祭祀社稷，夏禹杀马祭天地求治洪方法之地。衡山山神是民间崇拜的火神祝融，他被黄帝委任镇守衡山，教民用火，化育万物，死后葬于衡山赤帝峰，被当地尊称南岳圣帝。

火神祝融

祝融氏由于跟火亲近，成了管火用火的能手。黄帝就任命他为管火的火正官。南方有个氏族首领名叫蚩尤，经常侵扰中原，弄得中原的人无法生活。黄帝就号令中原的人联合起来，由祝融和其他几位将领带着，用火攻战胜了蚩尤。祝融立了大功，黄帝重重封赏了他，他成了黄帝的重臣。

祝融殿

部队回朝时，路过云梦泽南边的一群大山。黄帝把祝融叫到跟前，故意问道："这叫什么山？"祝融答道："这叫衡山。"黄帝又问："这山的来历如何？"祝融又答道："上古时候，天地一片混沌，像个鸡蛋。盘古氏开天辟地，才有了生灵。他活了一万八千年，死后躺在中原大地之上，头部朝东，变成泰山；脚趾在西，变成华山；腹部凸起，变成嵩山；右手朝北，变成恒山；左手朝南，就变成了眼前的衡山。"刚刚说完，黄帝紧接着又问："那么，为什么名叫衡山。"祝融马上答道："此山横亘天地之间，像一杆秤一样，可以称出天地的轻重，衡量帝王道德的高下，所以名叫衡山。"黄帝见他对答如流，非常高兴，笑呵呵地说："好哇！你这么熟悉南方事务，我要委你以重任！"但黄帝并不说出是什么重任。

祝融峰

队伍在衡山驻扎下来了。黄帝登上最高峰，接受南方各个部落的朝拜。许多氏族首领会集在一起，大家都很高兴，祝融一时兴起，奏起了黄帝自己编的曲子——咸池之乐，黄帝的妃子嫘祖也踏着拍子，跳起舞来。大家见了，都围着黄帝跳了起来。跳了个痛快以后，黄帝叫大家静下来，说："我就位以来，平榆罔，杀蚩尤，制订历法，发明文字，创造音律，编定医书，又有嫘祖育蚕制丝，定衣裳之制。现在天下一统，我要奠定五岳：东岳泰山，西岳华山，南岳衡山，北岳恒山，中岳嵩山。从今以后，火正祝融镇守南岳。"大家一听，都大声喊着："万寿无疆！万寿无疆！"祝融这时才知道，原来黄帝说的委以重任就是这么回事。

黄帝走了以后，祝融被留在衡山，正式管理南方的事务。他住在衡山的最高峰上，经常巡视各处的百姓。他看到这里的百姓经常吃生东西，就告诉他们取火，教他们把东西烧熟再吃。他看到这里的百姓晚上都在黑暗中摸索，就告诉他们使用

祝融

火来照明。他看到这里瘴气重、蚊虫多，百姓经常生病，就告诉他们点火熏烟，驱赶蚊虫和瘴气。百姓们都很尊敬他，每年八月秋收以后，就成群结队地来朝拜他。大家说："祝融啊，我们人丁兴旺了，鸡鸭成群了，五谷丰登了。你给我们带来了这么多的好处，我们感谢你，我们要尊你为帝。你以火施化，火是赤色，我们就叫你赤帝吧！"从此，祝融就被大家尊为赤帝了。祝融在衡山上活到一百多岁才去世。百姓把他埋在衡山的一个山峰上，并把这个山峰命名赤帝峰。他住过的最高峰，大家就一直叫做祝融峰。在祝融峰顶上，百姓们修建了一座祝融殿，尊他为南岳圣帝，永远纪念着他的功德。

🔗 诗文链接

望衡山

唐·刘禹锡

东南倚盖卑，维岳资柱石。

前当祝融居，上拂朱鸟翮。

青冥结精气，磅礴宣地脉。

还闻肤寸阴，能致弥天泽。

修齐治平

精忠报国

勤学好问

中岳嵩山

嵩山

嵩山，古称"外方"，夏商时称"崇高""崇山"，西周时始称为 "岳山"，以嵩山为中央，左岱（泰山）右华

（华山），定嵩山为中岳，始称"中岳嵩山"。嵩山位于河南省西部，地处登封市西北面，西邻古都洛阳，东临郑州，属伏牛山系。

嵩山的主峰叫"峻极峰"，海拔1491.7米，历史上有"嵩高峻极""峻极于天"的说法。

延伸思考

你知道九五之尊是什么意思吗？

女娲补天的故事

相传，在开天辟地的时候，共工与颛顼争夺天下，两人你争我夺，互不相让，共工一时恼怒，口说："我要不了天下，你也要不得"，便怒击不周山，使天柱折断。一时天塌地陷，天地相合，整个天下变成一片汪洋。

那时，在嵩山南部的一座山洞里住着一户人，其中有兄妹俩，女的叫女娲，男的叫伏羲。他们兄妹俩整天在山上砍柴、采果。一次，他们来到山下小河旁玩耍，一只万年乌龟变成一位老头，站在河中，告诉兄妹俩，天要塌，地要陷，世界要毁灭。兄妹俩正在半信半疑，不多时果然天塌地陷，洪水横流。老头就把他俩揽在怀里，乌龟现出原形，把他俩藏在甲内，让他们住在里面，等着天地复原。

兄妹俩在里面住了两年，女娲实在忍受不住了，就央求乌龟放他们出来。乌龟不放，兄妹俩就哭，乌龟无奈只能放他们俩出来。女娲、伏羲来到地面，地上荒无人烟，非常凄凉。兄妹俩登上位于天下之中的嵩山，见天还没有完全长严，地上洪水横流，天上有许多裂缝。女娲就站在伏羲身上，用骨针和兽筋缝补天上的裂缝。但天上的裂缝虽缝住了，可天上还有许多窟窿，没法缝。这时女娲就从天上取来天火炼五色石，不知炼了多少年，才用五色石补严天上的窟窿。女娲补天是从东南至西北，可是当补到西北时，五色石用完了，补天的期限也到了。这时，天开始下雨，补过的地方雨点很均匀落下。唯独西北角没补，大水就像从天上倒下来一样。女娲一时心急，连忙拾起地上的一个大冰块往西北一扔，便堵住了窟窿。从此，西北方向刮来的雷雨常带有冰雹。

天地被整修好后，兄妹俩看天下没有别的人，甚感寂寞。于是，女娲就用黄土捏人，女娲捏了一个又一个泥人，有男有女，她整整捏了100天，捏的泥人遍地都是。

女娲炼石补天，抟土造人，完成了造世大业，太累了，便躺在嵩山（太室山）之巅休息，一觉睡去，就是多少万年，一直睡到现在。于是，如今人们便可在太室山下看到女娲沉睡的姿容。

女娲补天石雕

少林寺

嵩山少林寺

　　少林寺位于河南省郑州市嵩山五乳峰下，因坐落于嵩山腹地少室山茂密丛林之中，故名"少林寺"。少林寺是世界著名的佛教寺院，是汉传佛教的禅宗祖庭，在中国佛教历史上占有重要地位，被誉为"天下第一名刹"。因其历代少林武僧潜心研创和不断发展的少林功夫而名扬天下，素有"天下功夫出少林，少林功夫甲天下"之说。

　　自中华人民共和国成立，少林寺与世界各地的文化交流在规格、规模、频次和范围等方面不断提升。从欧美舞蹈家、世界泰拳王得主、NBA球星、好莱坞影星争先前来探访，到来自缅甸、泰国、柬埔寨、尼泊尔和斯里兰卡等传统佛教国度高僧的纷纷拜谒，更有各国政要亲临，这些都进一步证明和彰显了少林寺非同凡响的国际影响力。

嵩阳书院

图说

嵩山嵩阳书院内原有古柏三株，西汉元封六年（前110年），汉武帝刘彻游嵩山时，见柏树高大茂盛，遂封为"大将军"、"二将军"和"三将军"。

将军柏从受封至今，已有两千多年的历史，赵朴初老先生留有"嵩阳有周柏，阅世三千岁"的赞美诗句。经林学专家鉴定，将军柏为原始柏，树龄有4500年，是中国现存最古最大的柏树。

嵩阳书院

　　嵩阳书院是我国古代高等学府，中国四大书院之一，对传播中华民族传统文化和培养造就人才发挥了重要的作用。嵩阳书院位于太室山南麓，原名为嵩阳寺，创建于北魏孝文帝太和八年（484年），初为佛教活动场所，僧待多达数百人。宋仁宗景祐二年（1035年），更名为嵩阳书院，以后一直是历代名人讲授经典的教育场所。明末书院毁于兵火，清代重修增建。鼎盛时期，学田1750多亩，生徒达数百人，藏书达2000多册。

🔗 诗文链接

归嵩山作

唐·王维

清川带长薄，车马去闲闲。

流水如有意，暮禽相与还。

荒城临古渡，落日满秋山。

迢递嵩高下，归来且闭关。

祁连更隔万重山

祁连山

　　祁连山系东西长800公里，南北宽200～400公里，平均海拔5000米以上，共有冰川3306条，面积约2062平方公里，西端在当金山口与阿尔金山脉相接，东端至黄河谷地，与秦岭、六盘山相连。属褶皱断块山，最宽处在张掖市与柴达木盆地之间，达300公里；自北而南，包括大雪山、托来山、托来南山、野马南山、疏勒南山、党河南山、土尔根达坂山、柴达木山和宗务隆山，山峰多海拔4000～5000米，最高峰疏勒南山的团结峰海拔5808米，海拔4000米以上的山峰终年积雪，山间谷地也在海拔3000～3500米之间。

祁连山脉位于中国青海省东北部与甘肃省西部边境，有多条西北—东南走向的平行山脉和宽谷，是庞大山系，因位于河西走廊南侧张掖市境内，故又名张掖南山。祁连山一名就是古代匈奴语，意为"天之山"。迄今为止，游牧在这里的匈奴人的直系后裔——尧熬尔人——仍然叫祁连山为"腾格里大坂"，意思也是"天之山"。祁连山前的河西走廊自古就是内地通往西北的天然通道，文化遗迹和名胜众多。在汉代和唐代，著名的"丝绸之路"即由此通过。

★ 延伸思考
你知道"一带一路"和丝绸之路的关系吗？

祁连山竟然是湖？

相传祁连山原来是一片蓝色的湖水，在这片湖水的东岸有一块镇水宝石，据说要是哪个人搬开这块宝石，将会给这里带来巨大的灾难。

湖中有一个小岛，岛上住着一户人家，老两口晚年得子，取名牛儿。牛儿生得浓眉大眼，力大无比，常常一个人在小岛边撒网捕鱼。

有一天，天气晴朗，湖面上微波泛起，牛儿像平时一样去小岛边撒网捕鱼。突然，湖面上腾起一股水柱，一个庞大的动物向他游来，它长着长长的胡须和双脚，浑身鳞甲在阳光下闪闪发亮，牛儿从来没有见过这么大的动物，立即吓得昏了过去。

　　也不知过了多长时间，牛儿舒服地睡了一觉似地醒了过来，睁眼一看，眼前是座巨大的宫殿。桌椅是玉石的，床是琥珀的，华丽极了。原来这里是湖中龙王的宫殿，龙王坐在高高的水晶椅上，正在沉思着什么，见牛儿醒来，高兴地说："小儿莽撞，让你受惊了，请用茶。"接着他慢慢地说："我在这里居住了多年，生下一儿一女，特别是那女儿，非常喜爱世上勤劳勇敢的人，发誓要嫁给像你这样的人，今天请你来，就是要了结这一桩心愿。"牛儿一连在这里住了几天，龙王请了虾公鳖婆，螺哥蚌妹等众亲水族，为女儿女婿举行了婚礼，大大地庆贺了一番，并送给女儿女婿好多金银财宝，让老鳖小鳖抬上花轿儿，分开水路，把小两口送回了小岛上。

　　牛儿和龙妹妹来到岛上，可喜坏了老两口，乐得整天忙这忙那，由于媳妇样样活儿都拿得起放得下，把很多事情料理得不需老两口动手，邻近几个小岛上的人们见了这一对恩爱夫妻，羡慕极了。

祁连山

无腿的话能传千里。湖岸边的渔村里有个心狠手辣的财主，听说牛儿娶了个好媳妇，就坐上大船来了。他一见龙妹妹，早已神魂颠倒，两眼直勾勾地在龙妹妹身上乱转。

回到家里，大财主就打起了坏主意："这么漂亮的美人儿，我一定要得到她。"他打发家丁去抢龙妹妹，但龙妹妹有一根绣花针，谁见了谁怕。得不到龙妹妹，大财主整天愁眉苦脸。后来，他突然想出了一个毒计，暗暗派人搬开了湖东岸的那块镇水宝石。

温顺的湖水好像被激怒了一样，像一头吃人的猛兽，给人们带来了巨大的灾难。湖水波浪滔天，淹没了岸边的农田，吞噬了无数的村庄和百姓，大财主也给淹死了，大水势不可挡地向东涌去。龙妹妹为了不让牛儿被大水冲走而现出了真身，让牛儿骑到她背上。湖水流干了，龙妹妹巨大的身体躺在湖底，却再也变不成美丽的龙妹妹了。牛儿跪在她身边悲哀极了，伤心的眼泪流也流不完，结果就流成了黑河。人们说他俩太可怜、太凄凉了。后来，他们的身躯渐渐长大了，成了一座连绵的山峰。他俩昂首而立，互相守望，后来便成了两块石头。经过很长很长的时间，这个故事代代相传，"凄凉"也变成了谐音"祁连"，人们把那两块人样的石头，叫做人头山，把这一片连绵的群山叫做祁连山。

石燕高飞的传说

祁连山脉上有一座山叫胭脂（也作焉支）山，在胭脂山一个陡峭的山崖上，有一只展翅欲飞的石燕，它体态矫健，神情自若，造型优美。据说当年将军霍去病讨伐匈奴时，路过这里，听了石燕的缘由，敬佩不已，士兵个个热泪盈眶，信心倍增，一举击败了匈奴，凯旋而归。

　　故事是这样的，这胭脂山北面山脚下有一个村庄，村里有一个姑娘叫石燕，她天生美貌，聪明伶俐。可怜这孩子命苦，刚一出生，爹妈就离开了人世。多亏乡亲们的照料，她才长大成人，而且练就了钢筋铁骨，一身武艺，尤其是射箭，更是百发百中。

焉支山

图说

　　焉支山坐落在河西走廊峰腰地带的甘凉交界处，位于山丹县城东南40公里处，现大马营乡境内，东西长约34公里，南北宽约20公里，属自然风景区，自古就有"甘凉咽喉"之称。

村里有个小伙子名叫山鹰，精明能干，有一手好刀法。他和石燕姑娘青梅竹马，天生一对。谁知，天有不测风云。一天，石燕与山鹰在山上对歌，突然一队人马冲上山来。原来是匈奴兵来村里抢劫，二人一个拿刀，一个拿箭，奋勇抗争，但终因寡不敌众，双双被抓到了匈奴兵营。

匈奴首领看中了石燕，要和石燕成亲，可石燕宁死不屈。山鹰被匈奴兵活活打死，石燕气愤之极，一拳打得匈奴首领口鼻流血，首领气得像发了疯的野兽，瞪大了眼睛向石燕扑来，这时，一只矫健的山鹰破门而入，向匈奴首领扑去，只两下，就啄瞎了匈奴首领的眼睛，而后又指引着石燕外逃，不想又被匈奴兵追上。石燕见无路可逃，"扑通"一声跳进了身旁一个泉里。顿时水柱冲向云天，化为雷鸣电闪，空中随之下起馒头大的冰雹，劈劈啪啪地砸下来，砸得匈奴强盗血肉横飞，无一逃生。

第二天清晨，天气晴朗，人们看到一只石燕子从泉中飞出，唱着歌飞向天空，盘旋了几圈落在山崖放哨，每到夜间人们入睡时，她就盘旋在胭脂山上空，保卫着这胭脂山的一草一木，使乡亲们过上安稳的日子。

🔗 诗文链接

关山月

唐·李白

明月出天山，苍茫云海间。长风几万里，吹度玉门关。
汉下白登道，胡窥青海湾。由来征战地，不见有人还。
戍客望边色，思归多苦颜。高楼当此夜，叹息未应闲。

天下第一仙山——武当山

武当山

　　武当山，中国道教圣地，又名太和山、谢罗山、参上山、仙室山，古有"太岳""玄岳""大岳"之称。位于湖北省西北部十堰市丹江口市境内。东接闻名古城襄阳，西靠车城十堰，南依原始森林神农架，北临高峡平湖丹江口水库。

明代，武当山被皇帝封为"大岳""治世玄岳"，被尊为"皇室家庙"。武当山是道教名山和武当派武术的发源地，被称为"亘古无双胜境，天下第一仙山"。武当武术，是中华武术的重要流派。元末明初，道士张三丰集其大成，开创武当派。

武当山金殿

传说，元代末年朱元璋在起兵打天下的时候，有一次在和元军交锋时遭到重创，只剩下自己一个孤家寡人，其状真是惨不忍睹。

武当山金殿

　　侥幸拾得条性命的朱元璋在逃命中竟慌不择路，在忙乱中逃到了武当山下的一座小小的茅草庵里。一进茅草庵，朱元璋就"嗵"地跪在地上央求里面的道士："师父救我！"

　　那庵里的道士说："你叫我怎么救你啊？我要是现在救了你，那元军的追兵一会儿到了还不把我这茅草庵给烧了呀！要是我这茅草庵被烧了，你叫我到哪里去住啊？"

　　情急中朱元璋拍拍胸脯说，"这个你不用担心！如果今天你救了我，以后我要是坐了江山，赔你一座金殿就是了！"

　　那庵里的道士听后将信将疑，不过见朱元璋也实在是可怜，不由得心中有了几分同情。于是那道士便让朱元璋站在茅草庵前的柏树下，然后口中念念有词地给他施了个隐身法，朱元璋立刻就隐形不见了。

　　元军在茅草庵附近到处找也找不到朱元璋的影子，于是在一气之下果然放了一把火烧了道士的茅草庵。

　　等元兵走远后，朱元璋从柏树下走了出来，一看茅草庵不见了，再一看连道士也不见了。朱元璋心里一想，大概是遇到高人了。因此他在得了天下以后，为了兑现他对道士许下的诺言，就传旨他的四儿子燕王朱棣在武当山建造了一座金殿。

　　金殿是整个武当山最突出、最有代表性的道教建筑之一，虽经历六百多年风雨雷电，至今仍金灿绚烂、辉煌如初，成为中国古建筑中的一颗灿烂的明珠。

"非真武不足当之"

　　武当山为什么叫"武当山"？这里面有一个动人的传

说故事。

　　那还是在远古的黄帝时代，有一个美丽的国家，名叫净乐国。这里国泰民安，富足强盛，人们都过着丰衣足食的日子。净乐国有个善胜皇后，她为人和善，心地善良。

真武大帝

一天，善胜皇后正在花园里散步，忽然觉得天色格外明亮，树木格外青翠，花草也分外芳香。她正在惊异这是怎么回事，就听得空中一声巨响，只见天空开了一个门，天上的神仙捧出一个红红的太阳，向下一扔，一道金光闪烁，那太阳就变成了一个如珠子一般大小、通红透亮的果子，飘着异香，哧溜钻进了善胜皇后的嘴里，转瞬间就滑落到她的肚子里。顿时，善胜皇后觉得周身畅快，天地也现出了美丽的霞光。从此善胜皇后就有了身孕。

武当山美景

图说

武当山建筑群的兴建，是明代皇帝朱棣在扩展外交的同时，对内大力推崇道教，灌输"皇权神授"思想，以巩固其内部统治，具有重大的历史和思想信仰等意义。武当山古建筑群中的主要遗产有太和拱、南岩宫、紫云宫、复真观和"治世玄岳"石坊等。

经过十四个月的孕育，在黄帝紫云元年三月初三的正午时分，善胜皇后感到肚子痛，这时天光乍现，善胜皇后的左肋裂开一个口子，从里面跳出一个又白又胖的娃娃。原来这是太上老君为了拯救人类，化作太阳的精灵，降生到了人世，变成了真武大帝。

真武天生聪明，能够过目成诵。他还学得了一身好武艺。可是，他偏偏不肯继承王位，总是想着求仙学道，铲除天下妖魔，开创美好的世界。这一天，他在花园中遇到一位紫衣道人，紫衣道人对他说："你要想得道成仙，就必须远离红尘世界。"紫衣道人指点真武，在大海的东面，有一座仙山，是修道的好地方。说罢，紫衣道人就消失在花丛之中。原来这是玉清圣祖紫元君的化身，他被真武的决心所感动，特来指点他的。于是，真武毅然决然地离开了父母，抛去皇家生活，独自乘船历尽千辛万苦，终于来到了大海东面的那座仙山。那一年真武才十五岁。

真武大帝登上了山顶。他苦修了几年，可是仍不能得道成仙，不免有些灰心丧气，觉得还不如回国继承王位，尽享荣华富贵。这样想着，他就向山下走去。走到半山腰，前面突然出现了一个白发苍苍的老太太，她正坐在一口水井旁边，双手握着个铁杵，不紧不慢地磨着。

真武大帝觉得很奇怪，就上前问老人磨铁杵做什么？老太太头不抬，手不停，回答道："我想把它磨成一根绣花针。"真武觉得好笑，说："就是您磨到死，也不能把它磨成绣花针，您别白费力气了。"老太太既不生气，也不停手，只是慢悠悠地说："我磨一点，这个铁杵就细一点，总有一天我会把它磨成绣花针的。"

　　真武闻听此言，心中忽然一亮，想到："修仙求道不也是和这铁杵磨针的道理一样吗？"他正要感谢老太太的点化，一转身，却见老太太已经坐在了云头，正向他点头微笑呢！原来，这又是紫元君前来点化真武大帝。从此，真武大帝幡然醒悟。他回到山中，在南岩上刻苦修炼。他端然静坐，任凭飞鸟在头上做窝；任凭荆棘穿透他的脚掌，长成大树，他只是聚精会神地修炼。就这样，他整整修炼了四十二年。

　　这一年的九月初九，天上布满了祥云，空中飘洒着天花，仙乐飘飘，异香扑鼻。真武大帝觉得心明亮，通体透亮，身躯就像流云一样，飘飘欲飞。他知道，这是要成仙升天了。恰在这时，一个绝色美女突然出现在他的面前，手捧金盆、玉杯，要为真武大帝洗漱更衣。真武不为所动，拔出宝剑喝道："请你庄重自爱！"

武当山

延伸思考

你从这则故事中得到了哪些启示呢？

女子受了呵斥，又羞又愧，觉得无地自容，纵身一跳，扑下了万丈悬崖。真武大帝一看，非常后悔，觉得不该逼人死命。事已至此，他只有一命赔一命，才不枉费这四十二年的修行。于是，他也随着女子跳下悬崖。这时，山崖下出现了五条龙，它们托着真武大帝升上了天空。刚才跳下悬崖的女子，此刻正立在云头，原来她也是紫元君变的，最后一次考验真武大帝。"徒弟，你终于得道成仙了。"紫元君说着，就带着真武大帝升上了天空。真武大帝被玉皇大帝封为天界的亚帝。从此，这座山就被称为武当山，意思是"非真武不足当之"。

诗文链接

题武当逸禅师兰若

唐·戴叔伦

我身本似远行客，况是乱时多病身。

经山涉水向何处，羞见竹林禅定人。

天下第一福山——终南山

终南山

　　终南山又名太乙山、地肺山、中南山、周南山，简称南山，是多种文化的发祥圣地，位于秦岭山脉中段，是中国重要的地理标志。

　　终南山位于陕西省境内，它东起盛产美玉的蓝田县最东端的杨家堡，西至周至县最西界的秦岭主峰太白山南梁

梁脊，横跨蓝田县、长安区、鄠邑区、周至县等县区，绵延100余公里，素有"仙都"、"洞天之冠"和"天下第一福地"的美称。

上善池

上善池

终南山山门西侧不远处有一石砌泉池，名为上善池，内有一石雕龙头终年吐水不断。

相传很久以前，终南山脚下周至地区发生瘟疫，死者无数。当时有个叫张志坚的人，梦见太上老君告诉他说："山门前有块石板，石板下有泉水一眼，泉内有我炼就的灵丹妙药，能够救大家的命。"张志坚醒来后就和其他人一起在山门前寻找，果然在西边的石板下挖出一泉。全城的百姓都来取水治病，瘟疫不久就消散了。三年后翰林学士赵孟頫来此游览，闻听此事十分惊奇，于是取纸笔写上"上善池"三字，取《道德经》"上善若水"之意。

成语

上善若水

语出《老子》："上善若水，水善利万物而不争，处众人之所恶，故几于道。"指的是至高的品性像水一样，泽被万物而不争名利。不与世人一般见识、不与世人争一时之长短，做到至柔却能容天下的胸襟和气度。

终南山楼观台

楼观台创始于西周，在魏、周、隋、唐各朝，都对皇室信道起到相当重要的作用。相传春秋函谷关关令尹喜在此结草为楼，以观天象，因又名草楼观。

楼观台

图说

楼观台，中国道教最早的重要圣地，道教楼观的发源地，被称为道家七十二福地之首。

古人云："关中河山百二，以终南为最胜；终南千里茸翠，以楼观为最佳。"楼观台留存有不少珍贵的碑刻，如唐代欧阳询撰书《大唐宗圣观记碑》、载隶书《灵应颂》、苏灵芝行书《唐老君显见碑》、员半千隶书《唐宗圣观主尹文操碑》，宋米芾行书《第一山》、苏轼行书《游楼观台题字》；元赵孟頫隶书"上善池"碑等。

终南隐士

老子

道教天神教祖——太上老君（老子李耳）

老子诞生于涡河北岸的陈国相地（今安徽涡阳），曾做过东周的"守藏室之官"，后来诸侯混战，礼坏乐崩，周景王死后，王子姬猛和姬朝为争夺王位互相搏杀，守藏室被洗劫一空，老子深受打击，辞了官就往西去。等到了函谷关，函谷关的关令尹喜早就听说了老子大名，诚心邀请老子在函谷关留下休息，在尹喜的再三恳请下，老子留下来并著述5000字，经尹喜整理而成《道德经》，从此《道德经》流芳百世。

文始真人——尹喜

尹喜是典籍记载的老子唯一的弟子，正是他在函谷关迎接老子入秦，从而使得《道德经》留驻世间。

尹喜，字文公，号文始先生、文始真人、关尹。先秦天下十豪，周朝大夫、大将军、哲学家、教育家，甘肃天水人，自幼究览古籍，精通历法，善观天文，习占星之术，能知前古而见未来。

尹喜

西周元勋——姜子牙

姜子牙，也称吕尚。

传说商末，姜子牙入朝前就在终南山的磻溪谷中隐居，等待有识之士的赏识。他用一个无钩之钓，引起周文王的注意，后以八十高龄出山，结束隐逸生涯，辅佐武王伐纣，建功立业，成为一代名相。

姜子牙

汉初三杰之一——张良

张良

"狡兔死，走狗烹；飞鸟尽，良弓藏；敌国破，谋臣亡"，这几乎成为一种规律。刘邦生性多疑、用人又防人，汉朝建立以后，张良面临着同样的结局。他向刘邦请辞，去往终南山南麓的紫柏山隐居，终于得以善终。

💡 **延伸思考**

你知道"汉初三杰"都是谁吗？

诗佛——王维

王维，河东蒲州（今山西运城）人，祖籍山西祁县。唐朝著名诗人、画家，字摩诘，号摩诘居士。当了官之后的王维利用官僚生活的空余时间，在京城长安之南的蓝田山麓修建了一所别墅，以修养身心，与他的知心好友过着悠闲自在的半官半隐生活。

王维

药王——孙思邈

孙思邈（581—682），京兆华原（今陕西省铜川市耀州区）人，唐代著名医药学家，被后人尊称为"药王"。

孙思邈十分重视民间的医疗经验，不断积累走访，及时记录下来，终于完成了他的著作《千金要方》。后开始爱好道家老庄学说，隐居陕西终南山中，并渐渐获得了很高的声名。

孙思邈

🔗 **诗文链接**

终南别业

唐·王维

中岁颇好道，晚家南山陲。

兴来每独往，胜事空自知。

行到水穷处，坐看云起时。

偶然值林叟，谈笑无还期。

星星之火可以燎原
——井冈山

井冈山红色标识

　　井冈山地处湘东—赣西边界，万洋山的北支，秦朝设郡县制时，井冈山为九江郡庐陵县属地。

井冈山森林覆盖率为81.2%，年平均气温14.2℃，至今仍保留大片人迹未至的原始森林，是世界上最有代表性的山地亚热带常绿阔叶林区。井冈山瓷土矿、稀土矿储量丰富，为两大优势矿种。

井冈山被誉为"中国革命的摇篮"。

井冈山名字的由来

"井冈山"这个名称的由来在当地有这么一种说法：清朝初年，有位姓蓝名子希的人，为避战乱，迁徙到五指峰下一块小平地安家立寨。由于这里四面环山，地形好像一口井；村前有一条小溪流过，当地人称溪为"江"，遂名此地为"井江"。因村庄依山向江建造，这村子也就叫作"井江山村"。后因当地人口音"江"与"岗"谐音，又把这个村子称为"井岗山村"。后来又有黄氏迁居此地，居住了一段时间后，觉得村子不是建造在山头上，而是建在山脚下，就把"井岗山村"的"岗"字去掉了

井冈山风景

"山"字，称作"井冈山村"。于是便有了"井冈山"这个
地名，五指峰也就被称为"井冈山主峰"。

井冈山碑林

图说

　　碑林建于1987年7月，自1989年清明节起对外开放。碑林由碑亭、碑廊、自然碑型等部分组成。"井冈山碑林"为书法家舒同题写。碑文有参加过井冈山斗争的老红军的题词，党和国家领导人的手书，部分知名人士和书法家的墨迹。

井冈山美景

诗文链接

延伸思考

井冈山是中国第一个农村革命根据地，那么你知道毛泽东等老一辈革命家在这开辟了怎样一条的革命道路吗？

水调歌头·重上井冈山

当代·毛泽东

久有凌云志，
重上井冈山。
千里来寻故地，
旧貌变新颜。
到处莺歌燕舞，
更有潺潺流水，
高路入云端。
过了黄洋界，
险处不须看。
风雷动，
旌旗奋，
是人寰。
三十八年过去，
弹指一挥间。
可上九天揽月，
可下五洋捉鳖，
谈笑凯歌还。
世上无难事，
只要肯登攀。

火焰山传奇

火焰山

火焰山是中国最热的地方，夏季最高气温高达47.8℃，地表最高温度高达70℃以上，沙窝里可烤熟鸡蛋。火焰山所在的吐鲁番属典型的大陆性干旱荒漠气候。虽然年平均温度只有14.5℃，然而超过35℃以上的天数却在100天以上，即使38℃以上的酷热天气也有38天之多。多年测得的绝对最高气温为49.6℃（1975年7月13日），而地表温度能达到83.3℃，是名副其实的"中国热极"。火洲多年平均降水只有16毫米，夏季占一半，而托克逊年降水量只有5.9毫米，终年不雨或雨而未觉亦不足为奇，可以算得上是"中国干极"。

🔍 **成语**

水深火热

老百姓所受的灾难，像水那样越来越深，像火那样越来越热。比喻人民生活极端痛苦。

火焰山名称的由来

延伸思考

火焰山真的是山上燃烧着熊熊大火吗？

火焰山古称赤石山，位于吐鲁番盆地的北缘，古丝绸之路北道，呈东西走向。火焰山，维吾尔语称"克孜勒塔格"，意为"红山"，唐人以其炎热曾名为"火山"。山长100多公里，最宽处达10公里，海拔500米左右，主峰海拔831.7米。火焰山童山秃岭，寸草不生，飞鸟匿踪。每当盛夏，烈日当空，赤褐色的山体在阳光照射下，砂岩灼灼闪光，炽热的气流翻滚上升，就像烈焰熊熊，火舌撩天，故又名火焰山。

火焰山故事传说

　　火焰山传说之一：当年齐天大圣孙悟空大闹天宫，仓促之间，一脚蹬倒了太上老君炼丹的八卦炉，有几块火炭，从天而降，恰好落在吐鲁番，就形成了火焰山。山本

火焰山景色

图说

　　新疆火焰山是吐鲁番最著名的景点。其位于吐鲁番盆地的北缘，古丝绸之路北道，主要由中生代的侏罗纪、白垩纪和第三纪的赤红色砂、砾岩和泥岩组成。当地人称它为"克孜勒塔格"，意为"红山"。

来是烈火熊熊，孙悟空用芭蕉扇，三下扇灭了大火，冷却后才成了今天这般模样。

火焰山传说之二：维吾尔族民间传说天山深处有一只恶龙，专吃童男童女。当地最高统治者沙托克布喀拉汗为除害安民，特派哈拉和卓去降伏恶龙。经过一番惊心动魄的激战，恶龙在吐鲁番东北的七角井被哈拉和卓所杀。恶龙的鲜血染红了整座山。因此，当地人把这座山叫做红山，也就是我们现在所说的火焰山。

巨型"温度计"

图说

这个巨型"温度计"位于火焰山风景区内，直径0.65米，高12米，温度显示高5.4米。

火焰山形成原因

关于火焰山的形成，我们首先需要知道煤层是可以自燃的，这一现象在新疆境内并不罕见。如今距离乌鲁木齐市42公里的硫磺沟煤田，自清代光绪年间就是"裂隙纵横，浓烟弥漫，岩隙间火焰呼呼，经年不绝"。到如今已经有100多年了。

火焰山的炎热干燥，都要归因于此地独特的自然地理条件。现实中的火焰山为天山支脉之一，形成于五六千万年前的喜马拉雅造山运动时期。千万年间，地壳横向运动时留下的无数条褶皱带和大自然的风蚀雨剥，形成了火焰山起伏的山势和纵横的沟壑。

🔍 成语

真金不怕火炼

亦作"真金不怕火"。比喻正确的事物经得住考验。

"吐鲁番"在维吾尔语中意为"最低地"。此处地处欧亚大陆腹心，深居内陆，远离海洋，周围为大面积的干旱区，又因气候极度干旱，流水搬运物质能力很弱，盆地中水力堆积作用甚微，而火焰山又盘亘在盆地中北部，阻拦效应使天山流水侵蚀的风化物质，难以进入盆地中心，其陷落后得不到物源补充，盆地自然越来越低洼。吐鲁番远离海洋，海洋湿润气团无力进入，西来的大西洋水汽又被天山阻隔。其地势过低，山地与盆地在短距离内高差超过5600米，气流下沉增温产生的焚风效应，使得此地干燥

☀ 延伸思考

你知道焚风效应的产生原理吗？

炎热。故素有"火洲"之称。由于山地裸露，草木无覆，戈壁沙漠面积大，日照时间长，白天升温迅速，盆地过低，热空气不易散失，形成了北纬42°线以上世界唯一的热火炉。

诗文链接

经火山

唐·岑参

火山今始见，突兀蒲昌东。

赤焰烧虏云，炎氛蒸塞空。

不知阴阳炭，何独然此中。

我来严冬时，山下多炎风。

人马尽汗流，孰知造化功。

道教名山

中国道教四大名山为：安徽齐云山、湖北武当山、四川青城山、江西龙虎山，分别供奉真武大帝、道德天尊、降魔护道天尊和广援普度天尊。

老子像

图说

老子，姓李名耳，字聃，一字或曰谥伯阳。华夏族，出生于周朝春秋时期陈国苦县，约出生于公元前571年，逝世于公元前471年。

老子是中国古代伟大的思想家、哲学家、文学家和史学家，道家学派创始人和主要代表人物，被唐朝帝王追认为李姓始祖。老子乃世界文化名人，世界百位历史名人之一，今存世有《道德经》（又称《老子》），其作品的核心精华是朴素的辩证法，主张无为而治。

道教是中国本土宗教，以"道"为最高信仰。道教在中国古代鬼神崇拜观念上，以黄、老道家思想为理论根据，承袭战国以来的神仙方术衍化形成。东汉末年出现大量道教组织，著名的有太平道、五斗米道。祖天师张道陵正式创立教团组织，距今已有1800年历史。

道教是中国的本土宗教。由张道陵于东汉顺帝时首创于四川鹤鸣山，到南北朝时盛行起来。四大名山自东汉开始建观修道场，延续至清末。中华人民共和国成立后受到国家的保护，并对道观进行了修葺，已成为蜚声中外的宗教、旅游胜地。

齐云山

齐云山风光绮丽动人，有各种奇峰、怪岩、幽洞，以及诸多湖潭泉瀑。其中形似香炉的香炉峰、巧夺天工的石桥岩、幽幻莫测的仙洞、清秀静逸的云岩湖、抛金洒玉的珠帘泉最令人神怡心醉，旧有"江南小武当"之美称。齐云山的耐看，还与一位英雄有关，这位英雄就是方腊。宋徽宗宣和二年（1120年）秋天，方腊发动起义，杀富济贫。义军声势浩大，不到半年时间，就攻占了歙县等六州五十二县，威震东南。宋徽宗曾下令童贯率军十五万镇压，没有取胜。朝廷又三次下诏"招抚"，均遭方腊严词拒绝。方腊义军在齐云山的独耸峰上屯兵，抗击宋王朝官兵的围剿。在齐云山上，方腊义军凭借险要的崖涧和天生的云雾，把守要隘，居高临下，把宋朝官兵打得

齐云山

图说

　　白岳仙关——齐云山，是中国四大道教名山之一，世界道教主流——全真道圣地，古称白岳、云岳，位于徽州休宁县城西约15公里处。最高峰齐云岩海拔585米，以幽深奇险著称。境内有三十六奇峰，七十二怪崖、二十四涧及其他许多洞泉飞瀑；与黄山、九华山合称"皖南三秀"，素有"天下无双胜境，江南第一名山"之誉。历史上素有"黄山白岳甲江南"之美誉，早在唐代即建寺，宋代宝庆二年（1226年）建佑圣真武祠，成为道教中心。

落花流水。齐云山上，粮草丰盈，池塘满溢，方腊依岩洞建寨，本来可以固守，但义军中出了叛徒，一夜之中，决了池水，烧了粮库，使义军陷于绝境。方腊虽设计退了官兵，但下了齐云山后，在浙江帮源洞被捕。公元1121年秋，方腊在汴京遇害。

青城山

青城山东距成都市区68公里，处于都江堰水利工程西南10公里处，主峰老霄顶海拔1260米。青城山群峰环绕起伏、林木葱茏幽翠，全山林木青翠，四季常青，诸峰

青城山

图说

幽然仙境——青城山，全球道教主流教派全真道圣地，属世界文化遗产、世界自然遗产（四川大熊猫栖息地），为中国四大道教名山之一，全国重点文物保护单位，国家重点风景名胜区，国家AAAAA级旅游景区。

环峙，状若城郭，故名青城山。丹梯千级，曲径通幽，以幽洁取胜，自古就有"青城天下幽"的美誉。素有"拜水都江堰，问道青城山"之说。

青城山历史悠久，是中国道教发祥地之一，著名的道教名山，是全国道教十大洞天的第五洞天。自东汉以来历经2000多年的发展。东汉顺帝汉安二年（143年），"天师"张陵来到青城山，选中青城山的深幽涵碧，结茅传道，青城山遂成为道教的圣地，成为天师道的祖山，全国

龙虎山

图说

碧水丹崖——龙虎山，位于江西省鹰潭市西南20公里处贵溪市境内。东汉中叶，正一道创始人张道陵曾在此炼丹，传说"丹成而龙虎现"，山于是得此名。其中天门山最高，海拔1300米。龙虎山是中国第八处世界自然遗产，世界地质公园、国家自然文化双遗产地、国家AAAAA级旅游景区、全国重点文物保护单位。

各地历代天师均曾来青城山朝拜祖庭。

龙虎山

　　龙虎山是中国道教圣地，据道教典籍记载，张陵第四代孙张盛在三国或西晋时已赴龙虎山定居，此后张天师后裔世居龙虎山，至今承袭63代，历经1900多年。他们均得到历代封建王朝的崇奉和册封，官至一品，位极人臣，形成中国文化史上传承世袭"南张北孔（夫子）"两大世家。上清宫和嗣汉天师府得到历代王朝无数次的赐银，进行了多次的扩建和维修，宫府的建筑面积、规模、布局、数量、规格创道教建筑史之最。龙虎山在鼎盛时期，建有道观80余座，道院36座，道宫数个，是名副其实的"道都"。

诗文链接

寄嵩阳道人

唐·曹邺

三山浮海倚蓬瀛，路入真元险尽平。

华表千年孤鹤语，人间一梦晚蝉鸣。

将龙逐虎神初王，积火焚心气渐清。

见说嵩阳有仙客，欲持金简问长生。